中华爱国人物故事

人物故事

ZHONGHUA AIGUO RENWU GUSHI

民主斗士闻一多

李 阳 编著

吉林人民出版社

图书在版编目(CIP)数据

民主斗士闻一多 / 李阳编著 . -- 长春 : 吉林人民
出版社 , 2011.5
(中华爱国人物故事)
ISBN 978-7-206-07840-8

Ⅰ . ①民… Ⅱ . ①李… Ⅲ . ①闻一多(1899 ~ 1946)
- 生平事迹 Ⅳ . ①K825.6

中国版本图书馆 CIP 数据核字(2011)第 075771 号

民主斗士闻一多

MINZHU DOUSHI WEN YIDUO

编　著:李　阳
责任编辑:丁　昊　　　　　　封面设计:七　洱
吉林人民出版社出版 发行(长春市人民大街7548号　邮政编码:130022)
印　　刷:鸿鹄(唐山)印务有限公司
开　　本:660mm×950mm　　　　1/16
印　　张:8　　　　　　字　　数:70千字
标准书号:ISBN 978-7-206-07840-8
版　　次:2011年5月第1版　　印　　次:2021年8月第3次印刷
定　　价:35.00元

如发现印装质量问题,影响阅读,请与出版社联系调换。

总　序

胡维革

　　《中华爱国人物故事》是一套故事丛书。它汇集了我国历史上80位古圣先贤、民族英雄、志士仁人、革命领袖、先进模范人物的生动感人史迹，表现了作为中华民族优秀传统的伟大的爱国主义精神。

　　爱国主义是人们对于"生于斯、长于斯、衣食于斯"的祖国的一种神圣感情，是人们对于自己民族的一种强烈的责任感和使命感，是感召和激励整个中华民族的一面永不褪色的旗帜。在漫长的历史上，爱国主义一直激励着中华儿女为祖国的独立、统一、进步和繁荣而英勇奋斗。从伟大的思想家教育家孔子到统一全国的千古一帝秦始皇，从秉笔直书著《史记》的司马

迁到鞠躬尽瘁死而后已的诸葛亮,从伟大的浪漫主义诗人李白到精忠报国的民族英雄岳飞,从七下西洋传播友谊的郑和到抗击倭寇的民族英雄戚继光,从苟利国家生死以的林则徐到为变法流血的第一人谭嗣同,从威震敌胆的抗联将军杨靖宇到人民音乐家聂耳与冼星海,从踏遍青山人未老的李四光到万婴之母林巧稚,从县委书记的好榜样焦裕禄到情系雪域献身高原的孔繁森……都表现出了强烈的爱国主义精神。正是由于热爱祖国的人们前仆后继地奋斗,国家和民族才得以生存,历经一次次历史危机关头而能转危为安,走向兴盛和富强,从而屹立于世界民族之林。爱国主义是鼓舞中华儿女历经忧患、跨越沧桑、百折不挠、自强不息的伟大力量,它贯穿于中华民族的整个历史,并有力地凝聚着五洲四海的中国人。

　　爱国主义是一个历史的范畴,在社会发展的不同阶段、不同时期有着不同的具体内容。革命时期,需要我们为祖国的独立自主出生入死;建设时期,需要我们为祖国的繁荣富强增砖添瓦;在全国各族人民团结一心建设富强、民主、文明、和谐的社会主义现代化国家的今天,我们要争做一名新时期的爱国者。新时期的爱国者要有强烈的民族自尊心和自豪感。民族自尊心和自豪感是任何时期任何爱国者都必须具备的情感。民族自尊心能增强我们自立向上的恒心,民族自豪感能树立我们建设祖国的信心。要树立"祖国高于一切"的崇高信念,为了祖国和人民的利益不惜抛却个人的利益,甚至不惜牺牲个人的生命。要树立终身学习的理念,拓

宽自己的知识面,广泛吸收新知识新技术,完善自身的知识结构,更新学习知识的方法与理念,从思想上、知识上充分武装自己,为祖国的繁荣昌盛贡献力量。

爱国主义思想的继承和发扬,是关系到民族盛衰、国家兴亡的根本问题。一代代人爱国主义思想情操的形成,需要不断地培养。培养爱国主义的一个重要途径是向爱国主义的英雄人物和典范事迹学习。这套丛书的出版,对于人们向英雄和先进人物学习,特别是对于在中小学生中进行爱国主义教育,将可提供一些生动的教材。祝愿此书出版发行成功,为培养"四有"新人作出贡献。

于 2011 年 4 月 23 日

世界读书日

中华爱国人物故事

目录
CONTENTS

◎ 012　童年时光

◎ 016　上京求学

◎ 040　留学美国

◎ 056　诗人情怀

◎ 063　回国讲学

目 录。
CONTENTS

长途跋涉　076 ◎

心系抗战　087 ◎

时代的鼓手　095 ◎

民主之魂　103 ◎

最后一次演讲　114 ◎

童年时光

1899年11月24日，闻一多生于湖北省蕲水县（今湖北省黄冈市浠水县），巴河镇闻家铺的一个书香门第的家庭。

闻一多原名闻家骅，又名多、亦多、一多，字友三、友山。《论语》中的《季氏篇》云："益者三友"，"友直、友谅、友多闻"。可见，他的名与字号都出自治世经典。闻家对这个新生儿十分怜爱，期待着他能光宗耀祖。当父母送他入学读书时，就径直用了"闻多"两字。"一多"之名是闻一多自己在后来改的。

闻一多祖上是清末秀才，所以，闻家也是典型的乡绅人家，大家庭人口众多，子弟们接受旧式教育。在这个时代，代表中国社会主流文化气质的就是乡绅。中国早期留学生的家庭背景中，出身于乡绅之家也是一个较为明显的特征。乡绅的子弟，经济上较为宽裕，而且乡

闻一多青岛故居

绅作为地方上政治、经济、文化和道德方面的代表，最
能够体现那个时期的主流文化。闻一多就在这个世家望
族的环境之中过着无忧无虑的童年生活。

闻一多5岁入私塾启蒙，学习《三字经》《幼学琼
林》《尔雅》《四书》，在极其严格的家教督促下，接受了
启蒙教育。随着科举制度的废弃、新式学堂的建立，一
多的祖父佐浚公仿照流行的学堂，办起了家塾，并起名
"绵葛轩小学"。于是，闻一多又与自家的子弟在这儿读
书，除了例课之外，还学习了国文、历史、博物、修身

等课程。

闻一多自小就酷爱读书，每当门外来了花轿或龙灯的时候，别的孩子都会跑出去看热闹，只有闻一多依然坐在家里，不受干扰的安心看书，为此常常会得到祖父的夸奖。闻一多不仅在白天念书，晚上还随父亲（闻廷政）读《汉书》。一次，闻一多"数旁引日课中古事之相类者以为比，父大悦，自尔每夜必举书中名人言行以告之"。这些教育对闻一多的一生都有价值，他后来的成就，不能不说是受益于此。闻一多还是个兴趣广泛的孩子，他对绘画的兴趣尤为突出。他从父辈那里受到感染，学着作画。这发于自然的涂鸦，对闻一多的一生产生了重大影响。

1910年，11岁的闻一多，来到武昌求学读书，被颇有名气的两湖师范学堂附属高等小学录取了。在这里无论是教材、方法，还是执教的教师，都与旧式学校有很大的不同。在这里，他可以读到当时代表新时代潮流的书刊。他的弟弟闻家骃曾回忆说，我们家庭"比较早地接受了新时代潮流的影响，在辛亥革命前夕就能阅读到《东方杂志》和《新民丛报》之类的书刊。"少年时期的闻一多喜欢读书和美术，这对于他的艺术气质方面的熏陶是十分重要并且具有深厚影响的。

随着辛亥革命的爆发，闻一多的生活发生了变化。

他只在两湖师范学堂附属高等小学读了一年，辛亥革命中断了他的学业，也使他目睹了武昌起义的过程。当街上枪炮林立的时候，闻一多不但没有惊慌，反而异常兴奋，他把头后的辫子剪掉，决意与旧时代决裂，然而当时的局势并不明朗，清政府的军队时刻都会反扑。此时的闻一多不过12岁，自然没有想到那么多。不久，反动军队很快反扑了，武昌城中气氛紧张，形势危急。于是，学校关闭，闻一多随着避难的人群涌出城，返回了老家。

当这个孩子回到乡里的时候，大人们都用惊异的目光望着眼前剪了辫子的他。而他就像是凯旋归来的小战士，将有幸目睹的一切讲给人们听。后来，他还将看到的情形画成类似连环画的图画贴在墙上。不用说，这一历史事件已在年仅12岁的闻一多脑海中留下了十分深刻的印记。

上 京 求 学

　　1912年，中华民国诞生。13岁的闻一多在春天里回到省城，在民国公校继续读书。父亲闻廷政希望他走哥哥们的路，成为实业人才。所以他又转入一所实修学校学习。

　　到了夏天，省教育司门前贴出了清华学校的招生启事：招收4名15岁以下的高小学生入中等科一年级，入学后学费膳费全免，8年后公费资送美国留学。闻廷政看到这一招生启事后很是动心，4个儿子都要上学，其经费是很难筹到的，何况分家时只得了五、六百担租子，经济上并不宽裕。清华学校学费、膳费全免，的确是送子入学的好地方。此外，当时的多数家长对蛮夷之国存有戒心，谈起出洋更是不免有所畏惧，以至不愿送子弟入洋学堂读书。而那些官僚买办大家子弟有的是出洋机会，无需到清华园里苦熬8年才迈出国门。所以当时报考清华的人远不如以后那么踊跃。闻廷政毅然决定送闻一多前去报考。

梁实秋曾经说:"闻一多的家乡相当闭塞,而其家庭居然指导他考入清华读书,不是一件寻常的事。"闻一多报考清华的那年,清华只在湖北招4名学生,那年的作文题目是《多闻阙疑》,正好应了闻一多名字的来历。闻一多在少年时,读过不少梁启超的文章,学得了一些梁启超的文笔,而梁启超的文笔在当时为世人竞相模仿,这使得他的文章受到主考官的赞许,但他的其他功课却平平,因此只被录取为备取第一名。入京复试时,他以鄂籍第二名的成绩被正式录取。

闻一多是1912年进入清华学校读书的,他在清华一呆就是10年。在闻一多的一生中,清华可以说是他的精神家园,他在那里读书,后来又在那里当教授,他早年的民主思想萌生于清华,中年时,他的民主精神又在清华成熟。在闻一多的生命中,没有比清华更重要的地方了。

1913年,闻一多走进了用"庚子赔款"组建起来的"清华留美学校"。这个学校的学制分中等科和高等科,其中中等科有五个年级,高等科有三个年级(以后又改为各四个年级了)。中等科新生入学后英文统授一年级课程,只有中文依各新生程度分别列入各级。当年入学的

42个新生大多分在一至三年级，只有闻一多因中文成绩突出被列入五年级。

作为留美预备学校，一切课程设置都服从于留学，所以英文是门主课，许多课程又都要用英语讲授。为打好英文基础，闻一多不得不留了一级，重新从中等科一年级读起。此后，他在这座亭园优美的清华园里，整整度过了10年。清华学校的考入，使得闻一多从闭塞的乡村走进了中国的政治文化中心。在这里，他比同龄人更早地接触到西方文明，学到了许多新的科学知识和独特的思维方式，同时，又由于这里是东西方文化碰撞和交融之地，特殊的环境促使他的思想早熟起来。它对闻一多的成长，将起到重要作用。

正常情况下，闻一多在清华应该是8年，但他在进入清华的第二年，为了打好英文基础留了一级，而后又因闹学潮再留一级，所以前后一共10年。梁实秋说："他的同班朋友罗隆基曾开玩笑的自诩说：'九年清华，三赶校长。'清华是八年制，因闹风潮最后留了一年。一多说：'那算什么？我在清华前后各留一年，一共十年。'"闻一多在清华时，还不是一个对政治真正感兴趣的人。对此，梁实秋有这样一段叙述："他不善演说，因为他易于激动，在情绪紧张的时候满脸涨得通红，反倒说不出话。学校里闹三次赶校长的风潮，一多都是站在反

青年闻一多

抗当局的一面，但是他没有出面做领导人。"

闻一多是从中等科一年级读起的，到高等科毕业为辛酉年（1921年），人们便用习惯的甲子系年称他们为"辛酉级"。在辛酉级中，闻一多是个勤奋用功、成绩优秀的学生，并一直名列前茅；就是寒、暑假期间读书写作也不间断。不仅如此，他的涉猎范围也很广泛，从古诗辞到西洋的诗歌、散文，从历代兴亡的更迭到达尔文的"天演论"，都是"兴味盎然"、"博学众采"。

闻一多还是当年清华园内颇为知名的"文人"，从1916年起，就是《清华周刊》和《清华学报》的积极撰

稿人，以后又先后担任这两个刊物的总编辑和编委。由
于他的国学根底较好，学校的刊物上会经常见到他所写
的旧体诗和骈体诗，并以文会友。清华园不是世外桃源，
围墙里的学生也时刻关注着中国社会的变迁。随着帝国
主义列强对中国侵略和掠夺的加紧，人们的忧国忧民情
绪也是与日俱增。闻一多也随着一天天的长大，忧患意
识在其身上也逐渐明显起来。在围绕国家富强、民族振
兴为中心的辩论会上，闻一多常常担任主辩，反映出他
们的历史责任感。

　　1919年，北京学生界爆发了"五四运动"，这场革命
运动影响巨大，闻一多也汇入了这场洪流之中，经受了
前所未有的锻炼。第一次世界大战结束以后，战胜国在
法国召开巴黎和会。会上，中国代表提出废除外国在中
国的特权和取消"二十一条"、收回日本大战时夺去的德
国在山东的各种特权，遭到无理拒绝。消息传来，激起
中国人民的强烈义愤。

　　1919年5月4日，北京大学等十几所大专学校的学生
3000多人在天安门集会游行。学生们怒火冲天，放火烧
了主张在和约上签字的交通总长曹汝霖宅第赵家楼。北
洋军阀政府出动大批军警镇压，逮捕了许多学生。清华
学校因在郊外，未能与城中取得联系。4日晚上，闻一多
从进城返校的同学那里得知了白天的情况后，挥笔抄写

清华园中的荷塘

了岳飞《满江红》，并在深夜贴在了饭厅的大门上，以那深印在中国人民心中气壮山河的爱国诗篇激励自己的同学，既体现了对北洋政府卖国屈辱罪行的愤怒之情，也抒发了他们驱逐外寇、收复河山的豪情壮志。

清华园沸腾了，为维护国家主权、营救被捕学生，积极讨论开展爱国运动的办法。闻一多被选为学生代表团的成员，他以全部精力担仕着宣传工作，学校在这次运动中的许多重要文献就是他参与起草的。罢课期间，闻一多又通过翻译《台湾一月记》，以敲起以史喻今的警世钟。

"五四"运动以后，祖国的忧患和新思潮的影响，使闻一多对现实有了越来越多的想往，他开始探索，试图用新诗的形式来表达自己的思想。

1920年秋，他在《清华周刊》上发表了第一首新诗《西岸》。他在诗中写道：

这里是一道河，一道大河，

宽无边，深无底；

四季里风姨巡遍世界，

便回到河上来休息；

满天糊着无涯的苦雾，

压着满河无期的死睡。

河岸下酣睡着，河岸上

反起了不断的波澜，

啊！卷走了多少的痛苦！

淘尽了多少的欣欢！

多少心被羞愧才鞭驯，

一转眼被虚荣又煽癫！

鞭下去，煽起来，

又莫非是金钱底买卖。

黑夜哄着聋瞎的人马，

前潮刷走，后潮又挟回。

没有真，没有美，没有善，

更那里去找光明来！

但不怕那大泽里，

风波怎样凶，水兽怎样猛，

总难惊破那浅水芦花里

那些山草的幽梦，——

一样的，有个人也逃脱了

河岸上那纷纠的樊笼。

他见了这宽深的大河，

便私心唤醒了些疑义：

分明是一道河，有东岸，

岂有没个西岸底道理？

啊！这东岸底黑暗恰是那

西岸底光明底影子。

但是满河无期的死睡，

撑着满天无涯的雾膜；

西岸也许有，但是谁看见？

哎……这话也不错。

"恶雾遮不住我，"心讲道，

"见不着，那是目底过！"

有时他忽见浓雾变得

绯样薄，在风翅上荡漾；

雾缝里又筛出些

丝丝的金光洒在河身上。

看！那里！可不是个大鼋背？

毛发又长得那样长。

不是的！倒是一座小岛

戴着一头的花草：

看！灿烂的鱼龙都出来

晒甲胄，理须桡；

鸳鸯洗刷完了，喙子

插在翅膀里，睡着觉了。

鸳鸯睡了，百鳞退了——

满河一片凄凉；

太阳也没兴，卷起了金练，

让雾帘重往下放：

恶雾瞪着死水，一切的

于是又同从前一样。

"啊！我懂了，我何曾见着

那美人底容仪？

但猜着蠕动的绣裳下，

定有副美人底肢体。

同一理：见着的是小岛，

猜着的是岸西。"

"一道河中一座岛,河西

一盏灯光被岛遮断了。"

这语声到处,是有些人

鹦哥样,听熟了,也会叫;

但是那多数的人,

不笑他发狂,便骂他造谣。

也有人相信他,但还讲道:

"西岸地岂是为东岸人?

若不然,为什么要划开

一道河,这样宽又这样深?"

有人讲:"河太宽,雾正密。

找条陆道过去多么稳!"

还有人明晓得道儿

只这一条,单恨生来错——

难学那些鸟儿飞着渡,

难学那些鱼儿划着过,

却总都怕说得:"搭个桥,

穿过岛,走着过!"为什么?

　　这首诗收入《红烛·李白篇》,表现了诗人不满现
实,寻找唯美主义人生理想的信念,事实上,闻一多一
生的理念,也确实从未改变过。

1917年辛酉级中等科毕业，闻一多任级史《辛酉镜》总编。图为全体编辑合影，后排倚树者为闻一多。

　　接着，闻一多又发表诗评和其他作品，更加注重诗的社会价值和思想价值。对动笔写诗，闻一多曾有过精辟的论述："诗人胸中底感触，虽到发酵底的时候，也不可轻易放出，必使他热度膨胀，自己爆发了，流火喷石，兴云致雨，如同火山一样——必须这样，才有惊心动魄的作品。诗人总要抱着这句话做金科玉律。'可以不作就不作'。"闻一多以他的探索和才气，涉入中国的诗坛，并成为"五四"后新文艺园地里的拓荒者之一。

　　在学生时代，闻一多也爱上了戏剧，是清华话剧活

动的积极参加者和组织者。同时也爱好绘画，当结束清华学习选择留美专业时，还把艺术当成自己努力的事业。闻一多不仅生活内容丰富，也生活得很正直。在一味追求美国化的学校里，他为反对歧视"国文"课而大声疾呼；为反对宣传强盗文明的美国电影在清华上演而掀起论战。他对学校里那些不合理的事情，总是勇于公正地提出自己的见解，决不趋言附合。

1921年，辛酉级进入毕业前的最后一个学期。同学们一面准备大考，一面慎重选择留洋后所学的专业。闻一多成为清华学校毕业生中第一个攻读美术的学生。

但是，就在毕业考试的前夕，北京城里传来"六三"惨案的消息。事情是这样的：北洋政府因筹集军费参加军阀混战，长期拖欠教育经费，北京国立8校教职员为了索薪，宣布停止职务。但北洋政府置之不理，6月3日，马叙伦、李大钊等组织了罢教斗争，22所学校600多学生聚集于新华门前请愿，结果遭到军警的殴打，受伤者达20余人。

"六三"惨案发生后，北京市学生立即罢课，抗议军阀的暴行。清华学生也决定支持这一正义斗争，实行罢课。

为此事，辛酉级召开了两次会。他们面临着毕业留洋的严峻形势，若拒绝参加毕业大考，8年的寒窗苦读就会付之东流，这对每个学生来说，都无疑是人生关口的重大选择。闻一多与大多数同学一样，坚决声援索薪斗争，坚持参加罢课。闻一多还亲自参加入城演说，完全投身于爱国运动之中。他曾对父母这样说过："男在此为国作事，非谓有男国即不亡，乃国家育养学生，岁糜巨万，一旦有事，学生尚不出力，更待谁人？""今日无人作爱国之事，亦无人出爱国之言，相习成风，至不知爱国为何物，有人稍言爱国，必私相惊异，以为不落实与狂妄，岂不可悲"，"当知二十世纪少年当有二十世纪人之思想，即爱国思想也。"这些话，深深地反映了闻一多热爱祖国、报效祖国的人格和情操。

对此，学校当局采取了高压手段，企图以开除来迫使学生终止罢课。6月18日，没有学生走入考场，正直的学生没有向这种镇压正义斗争的反动手段屈服。于是，学校当局临时改变策略，宣称22日大考，只要悔过，出国的照样出国，升级的照样升级，否则就以留级处分。他们改换手法，以分化学生的团结。这时，辛酉级有人顶不住压力，怕失去最后机会，22日，辛酉级有三分之二的人走入考场，而全校除他们外，都拒绝考试，闻一多与同级的共29位毕业生在巨大压力面前没有屈服。

学校的处分降临了，闻一多与多年的同窗挥泪而别。但是，闻一多十分坦然，他在这个考验的关头，宁可失掉出洋的机会，宁可留级，也为维护正义绝不低头。就这样，本应毕业的闻一多，被无理地推迟了一年，仍然留在清华。

对闻一多等29人的处分一事，在社会上引起了强烈反响。尽管学生们都离开了北京，可报纸上仍不断地刊登各界的抗议与质问。这年8月，学校给回到浠水的闻一多寄出通知：只要肯签具悔过书，即可次年出洋。暑期过后，闻一多等29人回到清华园，但没有一人去写悔过书。最后仍旧做因罢课自愿受罚而多留一年之学生。

1922年的寒假，闻一多回到家乡，为尽孝子之心而成婚。闻一多新婚那天，亲友纷纷前来贺喜。可是等了

新婚蜜月中的闻一多

好久，还不见新郎，大家以为他更衣打扮去了。当迎亲花轿快到家时，人们才在书房找到他，原来他仍然穿着旧长袍在看书。家里人说他一看书就"醉"。这也成为闻一多一件轶事，在亲友间流传了好久。3月，他又返回京城继续学习。6月，闻一多结束了在清华的求学生活。

从13岁入学，到23岁离开清华的10年，应该说是闻一多初步认识社会的重要阶段。正是这一阶段对闻一多的影响，形成了他的民主观念。当时的清华是留美预备学校，学校风格较为美国化，主要课程都用英语讲授，使用的也是美国教材，如公民课本就用的是美国公民课本。更为重要的是，在这样的环境里，学生从小就学会了类似美国人为人处事的方式。早年清华的这种教育，多少年之后，才体现在中国的民主化运动中。庚子赔款资送的清华留美学生，后来成为了中国现代知识分子的主要班底，特别是中国早期的政治学者，差不多都是庚子赔款资送留美的学生，像胡适、张奚若、钱端升、罗隆基、王造时、萧公权等。闻一多在清华的经历，除了以美术和诗歌知名外，还是一个对校园文化活动非常热心的积极分子。他是著名的学生刊物《清华周刊》的编辑，也时常在各种重要的校园活动中扮演主要角色。闻一多在清华，一直参与《清华周刊》的工作，由一般编辑到最后的集稿人。

1919年12月23日，清华学生会召开成立大会，当时的校长不准成立全校性的学生会，派校警干涉，引起学生公愤导致罢课。闻一多当时还画了一张漫画讽刺校长不理校务，这样的事，在当时一个传统社会的学校里，是不可能发生的。梁实秋曾说："提起《清华周刊》，那也是值得回忆的事。我不知哪一个学校可以维持出版一种百八十页的周刊，历久而不停，里面有社论有专文有新闻有通讯有文艺。我们写社论常常批评校政，有一次我写了一段短评鼓励男女同校，当然不是为私人谋，不过措词激烈了一点，对校长之庸弱无能大肆抨击，那时的校长是曹云祥先生（好像是做过丹麦公使，娶了一位洋太太，学问道德如何我不大清楚），大为不悦，召吴景超去谈话，表示要给我记大过一次，景超告诉他：'你要处分是可以的，请同时处分我们两个，因为我们负共同责任。'结果是采官僚作风，不了了之。"

梁实秋是比闻一多晚两年的清华同学，他们在一起的时间很长，从梁实秋的回忆中，可以体会到早年清华学生的民主气质。《清华周刊》的经费是学校给的，多年之后梁实秋对它的评价是："这项支出有其教育的价值。"

闻一多是清华学生会最早的成员之一。在他之前，清华学生会还只是一个临时性的学生团体，而到他参加时，清华学生会才成了一个永久性的学生自治机关。学

梁实秋

生自治也是早年清华对于学生民主训练的一个极好的实
践。

大学是不同于现实社会的一个独立社会，那时的清
华，还不同于一般的大学，因为它要求学生的入学年龄
不能超过14岁。也就是说，清华的学生是从小就开始接
受民主和自由的观念的。因此可以想象，一个14岁的中
国少年，在清华那样的环境里，经过8年训练，他们对
民主和自由会有怎样一些深刻的了解，更何况闻一多在
清华整整呆了10年。早年由清华出去留学，后来又回到
中国的那些知识分子，之所以总是难以和他们所处的那

个社会达成平衡，很重要的一个原因就是他们实际上从小就接受民主的训练，到了青年时代又完全生活在一个自由民主的社会里，他们的行为和观念已与他们所处在的社会完全不是一回事了。闻一多就是在这样的环境中养成了知识分子的安静，也深深地认识到民主与自由的意义。

闻一多在离开清华前发表的最后一篇文章是《美国化的清华》，在这篇文章中，闻一多对清华的批评相当尖刻，他说："我这意见讲出来，恐怕有点骇人，也有点得罪人。但是这种思想在我脑筋里酝酿了好久。到现在我将离开清华，十年的母校，假若我要有点临别的赠言，我只有这几句话可经对他讲。我说：清华太美国化了！清华不应该美国化，因为所谓美国文化者实不值得我们去领受！美国文化到底是什么？据我个人观察清华所代表的一点美国文化所得来的结果是：笼统地讲，物质主义；零碎地数，经济、实验、平庸、肤浅、虚荣、浮躁、奢华——物质的昌盛，个人的发达……或者清华不能代表美国，清华里的美国人是不是真正的美国人，我不知道。不过清华里的事事物物（我又拿我那丨年的经验的招牌来讲话），我是知道得清清楚楚的。我敢于说我讲的关于清华的话，是没有错的。我现在没功夫仔细将清华的精神分析出来，以同所谓美国化者对照，我只举其荤荦荦大者数端。"作为一个有着10年清华经历的人，闻一多对清华的批评不能说没有一点儿道理，对于一个刚刚23岁的青年来说，闻一多过多地看到了清华的缺点，也可以理解，但也必须注意他的评价中相对偏激的一面。闻一多从小受的是美国化的教育，23岁时留学美国，但终其一生，他对美国的印象并不是很好。他是一个有着强烈民族情感的人，同时，对于生活在底层的贫民也有着非同寻常的感情。闻一多对清华的批评，可以说代表了他青年时代的大体思想倾向，有深刻的一面、理想化的一面，但也有不切实际的一面。闻一多同时代的许多青年知识分子，受美国文化的影响很深，他们都是美国文化的受益者。不过，他们也有一个特点，就是对于美国文化很少像胡适那样倾心、那样热爱。对于美国文化，闻一多先是批评美国太重经济，不重理想。他说："除了经济，美国文化还有什么？……他们除了衣食住的'用'外，还知道什么？他们的思想在哪里？他们的主义在哪里？他们对于新思潮的贡献在哪里？他们的人格理想在哪里？他们的精神生活又在哪里？"在他看来，清华学生确有干练敏捷之才。特别是在"五四"运动之后，更证明清华学生确实是积极活跃的。闻一多是一个特别厌恶平庸的人，这是他个性中一个较为突出的特点。他特别指出："清华学生不比别人好，何尝比别人坏呢？很整齐、很灵敏、很干净、很有礼貌——很过得去，多数不吃烟、不喝酒、不打牌、不逛胡同——很规矩。表面上看来清华学生真令人喜欢，但是也只是真令人喜欢，不能引起人的敬爱，因为他们没有惊人之长。"闻一多很有名士之气。除了批评清华学生的平庸之外，闻一多还举

闻一多纪念馆前的闻一多塑像

出了清华学生的其他缺点，如肤浅、虚荣、浮躁、奢华。他这样说："以上所述的这些，哪样不是美国人的底色？没有出洋时已经这样了，出洋回来以后，也不过戴上几个硕士、博士、经理、工程师底头衔而已，那时这些底色只有变本加厉的。美国化呀！够了！够了！物质文明！我怕你了，厌你了，请你离开我吧！东方文明啊！支那的国魂啊！'盍归乎来'！让我还是做我东方的'老憨'吧！理想的生活啊！"

去美国留学前，闻一多就给老师留下了非常好的印象。他的清华同学浦薛凤在一篇回忆其清华国文老师赵醉侯的文章中说："他告诉我说：'我一生教过的学生，不下万人，但真正让我得意的门生，只有四人。'赵醉侯老师反复所指之得意门生四人，乃是我辛酉级（本级毕业留美，应在1922年夏，在毕业前后概称辛酉级）罗隆基（字努生）闻多（后来改名一多）何浩若（字孟吾）及浦薛凤（字逖生）。"赵醉侯还写过这样一首诗，其中四句是："清华甲第首推罗，其次雍雍闻浦何，风雨鸡鸣交谊切。朝阳凤翔颂声和。"和闻一多并称的这四位同学，后来在美国都学了政治学，只有闻一多一人学了美术。

红　烛

"蜡炬成灰泪始干"

——李商隐

红烛啊!

这样红的烛!

诗人啊

吐出你的心来比比,

可是一般颜色?

红烛啊!

是谁制的蜡——给你躯体?

是谁点的火——点着灵魂?

为何更须烧蜡成灰,

然后才放光出?

一误再误;

矛盾! 冲突!

红烛啊!

不误, 不误!

原是要"烧"出你的光来——

这正是自然的方法。

红烛啊!

既制了, 便烧着!

烧吧! 烧吧!

烧破世人的梦,

烧沸世人的血——

也救出他们的灵魂，

也捣破他们的监狱！

红烛啊！

你心火发光之期，

正是泪流开始之日。

红烛啊！

匠人造了你，

原是为烧的。

既已烧着，

又何苦伤心流泪？

哦！我知道了！

是残风来侵你的光芒，

你烧得不稳时，

才着急得流泪！

红烛啊！

流罢！你怎能不流呢？

请将你的脂膏，

不息地流向人间，

培出慰藉的花儿，

结成快乐的果子！

红烛啊！

你流一滴泪，灰一分心。

灰心流泪你的果，

创造光明你的因。

红烛啊！

"莫问收获，但问耕耘。"

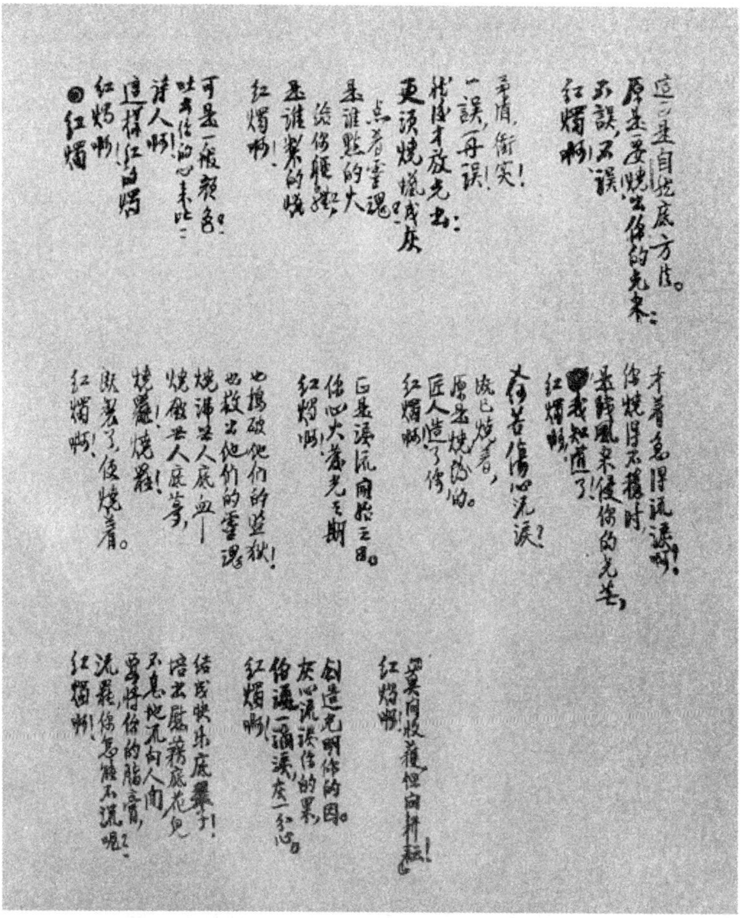

闻一多首部诗集《红烛》手迹

留学美国

1922年7月16日，闻一多乘"Key Stone State"号海轮离开上海，离开了祖国，缓缓地驶向太平洋的彼岸。

在旅途中，许多青年学生都在为出国镀金而兴高采烈的时候，闻一多却被悲哀、惶恐和疑惑所缠绕着，而那种单调、枯燥而寂寞的旅行，更增添了这位游子去国外的愁思。

闻一多在美国只呆了3年，按清华公派留学生的规定，公费是5年，还可以留学两年，如果中断一年，亦可复学，同样享受公费。但他却没有待到5年。梁实秋说过："一多是在无可奈何的情形之下到美国去的，他不是不喜欢美国，他是更喜欢中国。"

闻一多在出国前夕，曾和梁实秋几次商量，想放弃游美的机会。梁实秋则劝他乘风破浪、一扩眼界，他才终于成行。也许是闻一多过于倾心于他的诗人生活和在中国所能感受到的东方艺术的妙处，他在美国并不安心。在给梁实秋的一封信中，他曾说过："我想再在美住一年就回家。实秋！你不是打算在美国只住二三年吗？我希望你也早早回国帮我做点实的事业。跑到这半球来，除了为中国多加一名留学生，我们实在得不着什么好处，中国也得不着什么好处。"

《孤雁》是闻一多在去美国的旅途中记录自己真实心境的一首诗。在诗中，闻一多把自己比作"不幸的失群的孤客"。这是闻一多怀着"孤寂的流落者"的心情而写下的一首诗，后来被编入《红烛》诗集，排在海外作品之首。

孤　雁

不幸的失群的孤客！

谁教你抛弃了旧侣，

拆散了阵字，

流落到这水国的绝塞，

挤着寸磔的愁肠，

泣诉那无边的酸楚？

啊！从那浮云的密幕里，

迸出这样的哀音，

这样的痛苦！这样的热情！

孤寂的流落者！

不须叫喊得哟！

你那沉细的音波，

在这大海的惊雷里，

还不值得那涛头

溅破的一粒浮沤呢！

可怜的孤魂啊！

更不须向天回首了。

天是一个无涯的秘密，

一幅蓝色的谜语，

太难了，不是你能猜破的。

也不须向海低头了。

这辱骂高天的恶汉，

他的咸卤的唾沫

不要渍湿了你的翅膀，

粘滞了你的行程！

流落的孤禽啊！

到底飞往那里去呢？

那太平洋的彼岸，

可知道究竟有些什么？

啊！那里是苍鹰的领土——

那鸷悍的霸王啊！

他的锐利的指爪，

已撕破了自然的面目，

建筑起财力的窝巢。

那里只有钢筋铁骨的机械，

喝醉了弱者的鲜血，

吐出那罪恶的黑烟，

涂污我太空，闭熄了日月，

教你飞来不知方向，

息去又没地藏身啊！

流落的失群者啊！

到底要往那里去？

随阳的鸟啊！

光明的追逐者啊！

不信那腥臊的屠场，

黑暗的烟灶，

竟能吸引你的踪迹！

归来罢，失路的游魂！

归来参加你的伴侣，

补足他们的阵列！

他们正引着颈望你呢。

归来僵卧在霜染的芦林里，

那里有校猎的西风，

将茸毛似的芦花，

铺就了你的床褥

来温暖起你的甜梦。

归来浮游在温柔的港淑里，

那里方是你的浴盆。

归来徘徊在浪舐的平沙上，

趁着溶银的月色

婆娑着戏弄你的幽影。

归来罢，流落的孤禽！

与其尽在这水国的绝塞，

扪着寸磔的愁肠，

泣诉那无边的酸梦，

不如棹翅回身归去罢！

啊！但是这不由分说的狂飙

挟着我不息地前进；

我脚上又带着了一封书信，

我怎能抛却我的使命，

由着我的心性

回身棹翅归去来呢？

经过近半个月的航行，8月1日，闻一多在西雅图登上美国的土地。7日，终于结束了旅行，来到芝加哥。

闻一多到美国后，并没有醉心于西方的生活方式，更没有倾倒在铜臭的文明面前，当他置身于东、西方文明的碰撞之中时，更多的是激起了他那爱国之情，他告诉身边的同学要时刻认识到自己的责任，为国家、为民族造点光明。

离国只一个月，闻一多就无限思念祖国，为此，他写下了一首《太阳吟》，表现了一个海外游子的思乡之情。诗中这样写道：

太阳啊，刺得我心痛的太阳！

又逼走了游子底一出还乡梦，

又加他十二个时辰的九曲回肠！

太阳啊，火一样烧着的太阳！

烘干了小草尖头底露水，

可也烘得干游子底冷泪盈眶？

太阳啊，六龙骖驾的太阳！

省得我受这一天天底缓刑，

就把五年当一天跑完，又与你何妨？

太阳啊，——神速的金鸟——太阳！

让我骑着你每日绕行地球一周，

也便能天天望见一次家乡！

　　闻一多在这首诗中热烈，深沉的表达这对家乡的爱，正如他在给朋友的信上解释的那样："不要误会以为我想的是狭义的'家'。不是！我所想的是中国的山川，中国的草木，中国的鸟兽，中国的屋宇——中国的人。"

　　闻一多还写下了许多爱国思乡动人的诗篇，就像他所说的：

　　　　我要赞美我祖国的花！

　　　　我要赞美我如花的祖国！

　　1922年9月25日，芝加哥美术学院开学了，从此，闻一多开始接受传统的西洋美术教育。他学习认真、刻苦，屡蒙教员夸奖。经过一年级的学习，获得美国教育界给学生的最高褒奖——最优等名誉奖。

　　在攻读美术的同时，闻一多还念念不忘文学。当时一大批著名的诗人如德莱塞、安德森、桑德堡、马斯特斯等，都活跃在这座城市。于是，与芝加哥诗坛的来往，也是闻一多在美期间最愉快的事。很快，他的诗还登上了外国诗坛。

　　在与诗人结交的过程中，丰富了闻一多的视野，加深了对西方文化的了解与感情，他笔下的诗，已是世界文化与中国文化的交融和发扬。

　　1923年9月，闻一多还在异国他乡继续学习的时候，他的诗集《红烛》已经在知己梁实秋的鼎力相助下问世了。诗集分作《序诗》、《李白篇》、《雨夜篇》、《青春篇》、《孤雁篇》、《红豆篇》。其中最让人注目的，是他在国外创作的思乡那部分诗篇。其中的《忆菊》写出了闻一多的心声：

　　　　啊！自然美底总收成啊！

　　　　我们祖国之秋底杰作啊！

　　　　啊！东方底花，骚人逸士底花啊！

　　　　那东方底诗魂陶元亮

　　　　不是你的灵魂底化身罢？

　　　　那祖国底登高饮酒的重九

　　　　不又是你诞生底吉辰吗？

　　　　你不像这里的热欲的蔷薇，

　　　　那微贱的紫萝兰更比不上你。

　　　　你是有历史，有风俗的花，

　　　　啊！四千年华胄底名花啊！

　　　　你有高超的历史，你有逸雅的风俗！

　　　　啊！诗人底花呀！我想起你，

　　　　我的心也开顷刻之花，

　　　　灿烂的如同你的一样；

我想起你同我的家乡

我们的庄严灿烂的祖国，

我的希望之花又开得同你一样。

习习的秋风啊！吹着，吹着！

我要赞美我祖国底花！

我要赞美我如花的祖国！

请将我的字吹成一簇鲜花，

金底黄，玉底白，春酿底绿，秋山底紫，

然后又统统吹散，吹得落英缤纷，

弥漫了高天，铺遍了大地！

秋风啊！习习的秋风啊！

我要赞美我祖国底花！

我要赞美我如花的祖国。

　　这首诗从菊花的摆设、姿态写到环境、颜色，借菊花细致入微地寄托了闻一多对祖国的赞美。诗集《红烛》是闻一多成长过程的一部诗史。

　　闻一多在美国的留学，芝加哥是第一站，以后又在科罗拉多、纽约大学等地学习。按照规定，闻一多应该在美国学习五年。但是，他不喜欢美国，特别是对美国的民族压迫，更是不能容忍。不仅黑人受着非人的待遇，就连中国人也经常受到难堪的侮辱。如清华毕业的，曾在科罗拉多大学银行系读书的陈长桐去理发，理发师公然称不给中国人服务。闻一多曾向梁实秋描述过此事，"坐在椅子上半天没有人理，最后一个理发匠踱了过来告诉他：'我们不伺候中国人。'陈长桐告了一状，结果是官司赢了，那理发匠道歉之余很诚恳的说：'下回你要理发，请通知我一声，我带了工具到你府上来，千万请别再到我店里来！'因为黄人进入店中理发，许多白人就裹足不前了。像这样的小事，随时到处都有。"

闻一多从科罗拉多大学毕业时，竟没有一个美国女生愿与他们同台领取毕业证书。这些直截了当的侮辱，都深深刺痛了闻一多的心，更使他的民族自尊感难以容忍。在一封家书里闻一多愤慨地说道："一个有思想之中

闻一多在美国芝加哥美术学院门前留影

国青年，留居美国之滋味，非笔墨所能形容。俟后年年底我归家度岁时，当与家人围炉絮谈，痛哭流涕，以泄余之积愤。我乃有国之民，我有五千年之历史与文化，我有何不若彼美人者？将谓吾国人不能制杀人之枪炮遂不若彼之光明磊落乎？总之，彼之贱视吾国人者一言难尽。"

在美国的亲身体会，增加了闻一多的民族使命感，他的民族情结越发突出，他在给其弟闻家驷的一封信中说："处处看到些留学生们总看不进眼，他们的思想实浅陋得可笑。""我自来美后，见我国留学生不谙国学，盲从欧西，致有怨造物与父母不生之为欧美人者，至其求学，每止于学校教育，离校则不能进步咫尺，以此虽赚得留学生头衔而实为废人。"

闻一多在回国前曾对梁实秋说："归期大概以上沅的归期为转移，至迟不过六月。栖身之所仍然没有把握，这倒是大可忧虑的事。不过回家是定了的。只要回家，便是如郭、郁诸人在上海打流也可以。君子固贫非病，越穷越浪漫。"梁实秋可以说是闻一多最好的朋友，他后来分析闻一多急于回国的原因时认为，闻一多是一个喜爱家庭的人，那时他已成家并且做了父亲。我们可以这样说，闻一多对美国的认识有他民族情感方面的因素，这是他选择早日离开美国的主要原因，但也与他的具体

美国科罗拉多学院中国同学会会员合影，2排左4
为闻一多。

处境相关。他那时已经是有了家累的人。他对梁实秋说
过："世上最美妙的音乐享受莫过于在午间醒来静听妻室
儿女在自己身旁之轻轻的停匀的鼾息声。"许多朋友都认
为，闻一多的性格不适于长期羁旅，梁实秋就认为："当
年孤身投在纽约人海之中，他如何受得了。同时他的爱
国精神特别强烈，感觉也特别敏锐，在他看来，美国的
环境是难以忍受的。"

　　1925年3月，身在纽约的闻一多把对祖国的感情凝
聚成组诗——《七子之歌》。分别是《澳门》、《香港》、
《台湾》、《威海卫》、《广州湾》、《九龙》、和《旅顺，大
连》。

七子之歌

序

邶有七子之母不安其室。七子自怨自艾，冀以回其母心。诗人作《凯风》以愍之。吾国自《尼布楚条约》迄旅大之租让，先后丧失之土地，失养于祖国，受虐于异类，臆其悲哀之情，盖有甚于《凯风》之七子，因择其与中华关系最亲切者七地，为作歌各一章，以抒其孤苦亡告，眷怀祖国之哀忱，亦以励国人之奋斗云尔。国疆崩丧，积日既久，国人视之漠然。不见夫法兰西之 Alsace-Lorraine 耶？"精诚所至，金石能开"。诚如斯，中华"七子"之归来其在旦夕乎？

澳　门

你可知"Macau"不是我的真姓？

我离开你的襁褓太久了，母亲！

但是他们掳去的是我的肉体，

你依然保管着我内心的灵魂。

三百年来梦寐不忘的生母啊！

请叫儿的乳名，叫我一声"澳门"！

母亲！我要回来，母亲！

香　港

我好比凤阙阶前守夜的黄豹，

母亲呀，我身份虽微，地位险要。

如今狞恶的海狮扑在我身上，

啖着我的骨肉，咽着我的脂膏；

母亲呀，我哭泣号啕，呼你不应。

母亲呀，快让我躲入你的怀抱！

母亲！我要回来，母亲！

台　湾

我们是东海捧出的珍珠一串，

琉球是我的群弟，我就是台湾。

我胸中还氤氲着郑氏的英魂，

精忠的赤血点染了我的家传。

母亲，酷炎的夏日要晒死我了，

赐我个号令，我还能背水一战。

母亲，我要回来，母亲！

威　海　卫

再让我看守着中华最古的海，

这边岸上原有圣人的丘陵在。

母亲，莫忘了我是防海的健将，

我有一座刘公岛作我的盾牌。

快救我回来呀，时期已经到了。

我背后葬的尽是圣人的遗骸！

母亲！我要回来，母亲！

广 州 湾

东海和硇州是我的一双管钥，

我是神州后门上的一把铁锁。

你为什么把我借给一个盗贼？

母亲呀，你千万不该抛弃了我！

母亲，让我快回到你的膝前来，

我要紧紧地拥抱着你的脚踝。

母亲！我要回来，母亲！

九 龙

我的胞兄香港在诉他的苦痛，

母亲呀，可记得你的幼女九龙？

自从我下嫁给那镇海的魔王，

我何曾有一天不在泪涛汹涌！

母亲，我天天数着归宁的吉日，

我只怕希望要变作一场空梦。

母亲！我要回来，母亲！

旅顺，大连

我们是旅顺，大连，孪生的兄弟。

我们的命运应该如何的比拟？

两个强邻将我来回的蹂躏，

我们是暴徒脚下的两团烂泥。

母亲，归期到了，快领我们回来。

你不知道儿们如何的想念你！

母亲！我们要回来，母亲！

1925年5月，闻一多终于忍受不了这种生活，只在美国生活了三年就决定提前结束留学生涯。从此再也没有去过美国。

1946年，梅贻琦接到美国加州大学的一封信，说是他们想请一位能讲中国文学的人到他们那里去开课，希望梅贻琦推荐一个人。梅贻琦本想让闻一多去，闻一多和妻子及一些知心朋友商量后，还是决定不去，因为他认为当时民主运动很需要人。据冯友兰在他的回忆中说，闻一多要留身于"是非之地"继续斗争下去，这是当时知识分子的正路。

诗人情怀

1925年5月4日，闻一多与余上沅、赵太侔踏上了归国之途，他们乘火车离开纽约向西岸奔去，又经过半个月的海上航行，终于在6月1日踏上了祖国土地。当轮船驶进吴淞口的时候，闻一多就立刻脱去三年来束缚着他的洋装。从此，他就一直穿着长袍布履，有时还穿上马褂，冬天则把棉裤捆起，穿上一双朝靴，令人难以认出这是位留洋回来、又以浪漫情调知名的诗人。

闻一多带着满腔的爱国热情回来了，然而迎接他们的却是上海马路上的斑斑血迹，因为就在两天前，这里发生了"五卅"惨案。这如同一盆冰水浇到了闻一多的头上，祖国依旧遭受着帝国主义的蹂躏，这个诗人该做些什么？

正在上海从事戏剧、电影工作的洪深、欧阳予倩都劝说闻一多留下来共事。但北京对他的吸引力更大。

闻一多《九歌》手稿（局部）

　　来到北京，闻一多先后在杨振声主办的《现代评论》上发表了《醒呀!》、《七子之歌》、《爱国的心》、《我是中国人》等诗，在这些诗中，他控诉帝国主义如虎豹豺狼糟蹋神州的可耻行径，呼唤"熟睡的神狮"快快醒来；他哭诉澳门、香港、台湾、威海卫、广州湾、九龙、旅顺大连七地的百般痛苦，要求失地回到母亲的怀抱；他歌颂祖国的灿烂文化，抒发爱国之情。闻一多以诗笔为武器，与全国民众掀起的反帝高潮融为一体，引起了民众的共鸣。

特别是那首《我是中国人》，被人引吭不断，它以"我是中国人，我是支那人"既作开头，又作结尾，突出了诗的主题。诗人十分自豪地述说中华民族的伟大、历史的悠久和文化的灿烂，以讴歌爱国之情。紧接着，诗人的笔锋一转，发出心底的呐喊："我的心里有尧舜底心，我的心是荆柯聂政底血"，诗人又写道：

我没有睡着！我没有睡着！
我心中的灵火还在燃烧；
我的火焰他越烧越燃，
我为我的祖国烧得发颤。

这诗句惊心动魄，这诗句激昂振奋，一入国门，闻一多就以他那非凡之笔初次亮相，震动了中华诗坛和国人的心血。

回国不久，闻一多担任了北京艺专的教务长，为开展国剧运动和建立艺术剧院积极奔走。然而那是个政局动荡的年代，有为的志士无处施展抱负，国剧运动的幻想破灭了。与此同时，闻一多还加入了国家主义团体联合会，是他回国后为改造社会而做的第一次政治努力。

1926年，执政府制造了惨绝人寰的"三一八惨案"，闻一多没有拘泥于派别的不同而沉默，他在悲愤中握笔

写下了《唁词——纪念三月十八日的惨剧》一诗，给烈士以崇高的礼赞，给生者以深深的激励。之后，闻一多又借人力车夫的口吻，抨击北洋政府，写下了《天安门》一诗。这时的闻一多，更强调文艺与爱国运动的密切关系，此后，闻一多开始更频繁的用文艺来表达、抒发自己的理想和追求。

本着对新诗的热爱，闻一多创办了《晨报·诗镌》。

1926年初，他迁居京西畿道34号，为布置这个家，他别出心裁，别具一格地安排了一个激发想象、特具引力的"黑屋"。这间不寻常的"黑屋"，成了一群豪迈、洒脱青年诗人的乐窝。

在这里，他们朗诵诗作，悟出门道，形成新的诗风——"格律派"。闻一多就是这群诗人中影响最大的一人。

就在闻一多潜心构筑新诗大厦的时候，北京的形势发生了重大变化。北京政变发生，军阀内部矛盾重重，局势混乱不堪。闻一多携眷返回故里。不久，为了谋求职业，他只身到了上海，在朋友的帮助下，受聘于上海国立政治大学。

从1926年到1927年，中国社会动荡不安，北洋军阀的统治更加残暴，国民革命内部又出现分化。在这急剧的动荡变化之中，闻一多困惑、迷惘，心情极为压抑，

闻
一
多
的
木
箱

他又一次用诗句来表达其心境。

他发表了与饶孟侃合译的美国诗人曼斯菲尔德的《我要回海上去》，还写了《心跳》、《荒村》等诗章，把对旧世界的痛恨和对军阀混战的憎恶之情表现的十分鲜明。

闻一多面对军阀混战、人民的痛苦，喊出"这不是我的中华"的呼声，写下了《发现》一诗，诗中的字字句句都是的他悲愤的血泪。

发　现

我来了，我喊一声，进着血泪，

"这不是我的中华，不对，不对！"

我来了，因为我听见你叫我；

鞭着时间的罡风，擎一把火，

我来了，不知道是一场空喜。

我会见的是噩梦，哪里是你？

那是恐怖，是噩梦挂着悬崖，

那不是你，那不是我的心爱！

我追问青天，逼迫八面的风，

我问，拳头擂着大地的赤胸，

总问不出消息；我哭着叫你，

呕出一颗心来，——在我心里！

这一时期，闻一多发表的诗还有《贡献》、《罪过》、《收回》、《什么梦》（修正稿）、《你莫怨我》、《你指着太阳起誓》等。

闻一多曾说过："诗人主要的天赋是爱，爱他的祖国，爱他的人民。"这段话，道出了诗人最真切的感受。如果说闻一多的诗可以分出几个阶段的话，那么这一时期的诗就组成了闻一多爱国诗的新阶段。朱自清曾颇为感叹地说，在抗战以前的诗坛上，闻一多"差不多是唯一有意大声歌咏爱国的诗人"。

祈　　祷

请告诉我谁是中国人，

启示我，如何把记忆抱紧；

请告诉我这民族的伟大，

轻轻的告诉我，不要喧哗！

请告诉我谁是中国人，

谁的心里有尧舜的心，

谁的血是荆轲聂政的血，

谁是神农黄帝的遗孽。

告诉我那智慧来得离奇，

说是河马献来的馈礼；

还告诉我这歌声的节奏，

原是九苞凤凰的传授。

请告诉我戈壁的沉默，

和五岳的庄严？又告诉我

泰山的石溜还滴着忍耐，

大江黄河又流着和谐？

再告诉我，那一滴清泪

是孔子吊唁死麟的伤悲？

那狂笑也得告诉我才好，

庄周淳于髡东方朔的笑。

请告诉我谁是中国人，

启示我，如何把记忆抱紧；

请告诉我这民族的伟大，

轻轻的告诉我，不要喧哗！

回国讲学

1927年到1937年，闻一多先后在上海政治大学、南京第四中山大学（后改为中央大学）、武汉大学、青岛大学、清华大学教书。

起初，他讲授外国文学、英诗和戏剧，后来却完全转向中国古典文学。这在他的生活上，开始了一个重要转变，即从诗人转变成学者。这一转变，使闻一多在古籍里几乎钻了将近二十个年头。他埋头苦干，废寝忘食，以全副精力从事教学和研究。

在青岛大学，他给外文系开设"英诗入门"，得到学生们的称赞。当讲雪莱的《云雀》时，他随云雀越飞越高，朗读声音也越来越强；介绍浪漫诗人时，他随诗句的起伏、变化与听者进行情感的交流，创设意境而体味诗人的情怀，闻一多的诗人气质，令许多听课的学生陶醉。

1930年，臧克家报考青岛大学（1932年改为国立山东大学），因他高中时代就投笔从戎，去武汉参加大革命，高中数学几乎没有学，以至于高考数学得了零分。可是，他的三句杂感："人生永远追逐着幻光，但谁把幻光看作幻光，谁便沉入了无底的苦海。"得到了时任青岛大学文学院院长兼中文系主任、主考老师闻一多的赏识。评分极严的闻先生，给这三句杂感打了高分，并破格录取了他。这正如臧克家在回忆中说的："闻先生从三句杂感中发现了我，欣赏了我，给了我全体考生里国文的最

臧克家

高分——98分，使我这个数学吃了鸭蛋的考生被青大录取了。"

臧克家曾解释闻一多看重这三句杂感的原因："这三句杂感虽然短小而内容却不简单。它是我尝尽生活的苦味，从中熔炼出来的哲理，也是我在武汉大革命失败之后，极端痛苦而又不甘心落寞的一种无可奈何的悲痛消沉心情的结晶。闻先生欣赏这三句杂感，看透了我的心。"

闻一多不仅发现了臧克家，更为重要的是，对这位诗的学徒进行了精心的培养。这是臧克家成为杰出学生的关键。

闻一多在青岛大学所授课程是名著选读、文学史、唐诗和英诗。这些充满学术味、诗味和有独到见解的课，启迪着臧克家的心灵，提高了他的文学素质，使他更加热爱文学事业，更加懂得诗。

1928年，闻一多出版了诗集《死水》。他把一本签名盖章的新诗集送给了臧克家。他"如获拱璧"，一读就入了迷。他把过去的一大本习作一把火烧了，决心走闻一多《死水》的诗的道路。他非常喜欢闻先生"半夜桃花潭底的黑"的深沉和凝练。他曾说："在塑造自己的风格时，闻一多先生给了我非常大的影响。他《死水》中的那些具有强烈的爱国情操和音乐的美、绘画的美、建筑

的美的极富感染力的诗篇，是我学习的榜样。"

死　水

这是一沟绝望的死水，

清风吹不起半点漪沦。

不如多扔些破铜烂铁，

爽性泼你的剩菜残羹。

也许铜的要绿成翡翠，

铁罐上锈出几瓣桃花；

再让油腻织一层罗绮，

霉菌给他蒸出些云霞。

让死水酵成一沟绿酒，

飘满了珍珠似的白沫；

小珠们笑声变成大珠，

又被偷酒的花蚊咬破。

那么一沟绝望的死水，

也就夸得上几分鲜明。

如果青蛙耐不住寂寞，

又算死水叫出了歌声。

这是一沟绝望的死水，

这里断不是美的所在，

不如让给丑恶来开垦，

看他造出个什么世界。

臧克家以《死水》为范本，在闻先生的指导下，学着怎样想象，怎样造句，怎样安放每一个字，使自己的诗作韵味更浓，艺术品位更高，一篇篇佳作不断出现。臧克家的诗作，深受《死水》的影响，这正如他自己所说："没有《死水》，可以说就不会有《烙印》"。它们在"内容上，艺术上有一脉相承之处"。

闻一多对臧克家的影响是巨大的、深远的。他就像一座诗的灯塔，照耀着臧克家的航程。在他成为杰出学生、杰出诗人中起到了巨大的作用。

臧克家时常拿着自己新写的诗向闻先生请教。闻先生总是热情地对每首诗作出具体的评价。臧克家回忆说："闻先生对我的帮助非常大，在他的办公室，他的家中，经常有我俩对坐谈诗的身影。我每写出一篇自认为不错的诗，便拿去给闻先生看。他常和我一起吸着纸烟，朋友似的交谈着。他告诉我这篇诗的好处、缺点。哪个想象很聪明，哪个字下的太嫩。有时他会在认为好的句子上画上双圈。如果这句话正是我所得意的，我会高兴得跳起来。"

闻一多因材施教，具体地手把手地教臧克家写诗。既肯定臧克家诗的长处又指出其不足，使他学到很多东

西，诗歌创作水平不断提高。

他还鼓励臧克家多写诗，闻一多主动把臧克家的一些诗拿到《新月》发表。臧克家说："我的《洋车夫》和《失眠》他给拿去发表了，这是我正式发表诗的一个开头。"他还"时常鼓励"、"用劲鼓励"臧克家多写诗，把他写的《难民》等诗也拿到《新月》发表。

可以想象作为学生的臧克家，能在全国有影响的刊物上发表自己的诗作，受到的鼓舞和激励该是多么巨大。

1933年，臧克家的第一本诗集《烙印》在闻一多、王统照、王笑房、卞之琳等诸多师友的帮助下，自费印刷出版。闻一多不仅慷慨解囊资助20块大洋，还亲自写了序言，予以推荐，并提出殷切的期望。他在序中说："克家的诗，没有一首不具有极顶真的生活的意义。"希望"克家千万不要忘记自己的责任"。

那时，臧克家是青大的三年级在校学生。读书期间就创作出堪称中国新诗经典的诗作，在历史上是罕见的。

闻一多与臧克家之间以诗为友的平等交流，是闻一多治学授业的风格的佳话。正如闻一多给臧克家的信中所说："古人说，人生得一知己可以无憾，我在青大交了你这样一个朋友，也就很满意了。"这种平等的交流，对臧克家的心灵的启迪和灵魂的升华无疑是很大的。

从发现到培养臧克家成为杰出学生，闻一多倾注了許多心血。这是一种无私的、真诚的、无微不至的对学生的爱，是高尚师德的光辉，是热爱学生，诲人不倦的典范。臧克家对于发现和培养了自己的恩师更是充满了"深深的敬仰和感激之情"。

后来，臧克家追忆他的老师，曾写过一篇文章，后被节选收在课本中，那就是著名的《闻一多先生的说和做》。臧克家在这篇文章中写道：

"人家说了再做，我是做了再说。"

"人家说了也不一定做，我是做了也不一定说。"

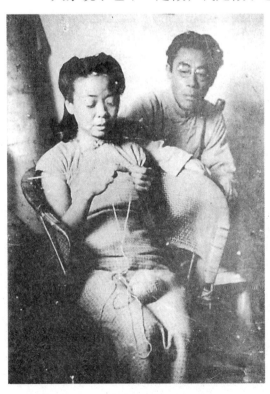

闻一多与妻子

作为学者和诗人的闻一多先生，在30年代国立青岛大学的两年时间，我对他是有着深刻印象的。那时候，他已经诗兴不作而研究志趣正浓。他正向古代典籍钻探，有如向地壳寻求宝藏。仰之弥高，越高，攀得越起劲；钻之弥坚，越坚，钻得越锲而不舍。他想吃尽、消化尽我们中华民族几千年来的文化史，炯炯目光，一直远射到有史以前。他要给我们衰微的民族开一剂救济的文化药方。1930年到1932年，"望闻问切"也还只是在"望"的初级阶段。他从唐诗下手，目不窥园，足不下楼，兀兀穷年，沥尽心血。杜甫晚年，疏懒得"一月不梳头"。闻先生也总是头发零乱，他是无暇及此的。饭，几乎忘记了吃，他贪的是精神食粮；夜间睡得很少，为了研究，他惜寸阴、分阴。深宵灯火是他的伴侣，因它大开光明之路，"漂白了的四壁"。

不动不响，无声无闻。一个又一个大的四方竹纸本子，写满了密密麻麻的小楷，如群蚁排衙。几年辛苦，凝结而成《唐诗杂论》的硕果。

他并没有先"说"，但他"做"了。作出了卓越的成绩。

"做"了，他自己也没有"说"。他又由唐诗转到楚辞。十年艰辛，一部"校补"赫然而出。别人在赞美，在惊叹，而闻一多先生个人呢，也没有"说"。他又向

"古典新义"迈进了。他潜心贯注，心会神凝，成了"何妨一下楼"的主人。

做了再说，做了不说，这仅是闻一多先生的一个方面，作为学者的方面。

闻一多先生还有另外一个方面，作为革命家的方面。

这个方面，情况就迥乎不同，而且一反既往了。

臧老直到望百高龄时，仍念念不忘闻先生，他说，没有闻先生就没有他的今天。这正如闻先生的儿子闻立雕在一篇文章中所说："几十年来，他（指臧克家）写了缅怀、纪念、宣传、介绍父亲、弘扬父亲的诗文，初步统计，仅仅直接以'闻一多'为题的诗文就达31篇之多。这还不包括在回忆录、自传、访谈、题词、涉及闻一多的难以计数的文字。真是'青岛海水深千尺，不及臧老尊师情'。"

作为争取民主的战士，青年运动的领导人，闻一多先生"说"了。起先，小声说，只有昆明的青年听得到；后来，声音越来越大，他向全国人民呼喊，叫人民起来，反对独裁，争取民主！

他在给我的信上说："此身别无长处，既然有一颗心，有一张嘴，讲话定要讲个痛快！"他"说"了，跟着的是"做"。这不再是"做了再说"或"做了也不一定说"了。现在，他"说"了就"做"。言论与行动完全一

李公朴

致，这是人格的写照，而且是以生命作为代价的。 1944
年 10 月 12 日，他给了我一封信，最后一行说："另函寄
上油印物二张，代表我最近的工作之一，请传观。"

这是为争取民主，反对独裁，他起稿的一张政治传
单！

在李公朴同志被害之后，警报迭起，形势紧张，明
知凶多吉少，而闻先生大无畏地在群众大会上，大骂特
务，慷慨淋漓，并指着这群败类说：你们站出来！你们
站出来！

他"说"了。说得真痛快，动人心，鼓壮志，气冲斗牛，声震天地！

他"说"了："我们要准备像李先生一样，前脚跨出大门，后脚就不准备再跨进大门。"他"做"了，在情况紧急的生死关头，他走到游行示威队伍的前头，昂首挺胸，长须飘飘。他终于以宝贵的生命，实证了他的"言"和"行"。

闻一多先生，是卓越的学者，热情澎湃的优秀诗人，大勇的革命烈士。

他，是口的巨人。他，是行的高标。

1932年8月，闻一多回到离别整整十年的清华园，被应聘为中国文学系教授。分别十年，对闻一多来说还是那么的熟悉和眷恋；这里的教室、体育馆、宿舍楼、校园小径，都可以勾起闻一多对往事的回忆。如今他重新回到这安静的校园，还可潜心治学，正所谓，找到了属于他的世外桃源。从此，闻一多再也没有离开这所学校。

这段时间，闻一多排除琐事，全身心投入到教学与研究之中。闻一多以诗成名反过来要教古典文学，加上又非中文文科毕业，心理上总感到没有根基，若再不拼命，恐怕是难以胜任。于是，他鼓足劲头，决定要做出成绩。

闻一多、李公朴与金马剧社演员合影。

　　他先后研究了《唐诗》、《楚辞》、《周易》，整理资料，写下了数百万字的论著，为中华文化事业的存续繁荣增添了不朽的一笔。他还对《庄子》、《尔雅》、《乐府》倾注相当的心血，还涉猎神话的研究，取得了不小的成就。

　　闻一多的研究成果富有特色，是因为他不但继承了前人的宝贵传统，并且吸取了现代的观点与方法，这使得他能在学术的海洋中自由地游泳。他重视研究材料，尽可能地收集与之相关的资料，为写《杜甫》传记，他收集了与杜甫交往过的360余人的资料，可以想见，他治学的顽强和严谨精神，也正因此，文物、绘画、石刻、口传资料也在闻一多的笔下变的生动起来，无一不运用自如。

在作学术研究中，闻一多不因循保守，敢于自辟新路。《周易》虽是一部古老的书籍，前人已有相当的研究，闻一多没有沿老路走，而是用社会学的眼光进行研究，通过摘注一般人所忽略的材料，给《周易》的研究注入了新的立意。从个别到一般，从微观到宏观，是闻一多研究学术的又一独特之处，并使他能提出许多真知灼见。

在学术活动中，闻一多始终没有把自己局限在个别领域里，他从诗跨到史，从文学跨到哲学，将研究的课题伸展到许多领域。与此同时，他试着用新思想、新原理去解决过去所不能解决的问题。比如说，过去考证、诠释甲骨文字和金石铭文，往往只在文字上兜圈子，为考证而考证。现在则能从这些文字和实物上看到那个时代的社会、生产情况，进而找出社会发展的规律。在这种新思想的光芒照射下，一片片古董都变得富有生命意义了。

闻一多从发展的眼光出发，在学术研究的领域里辛勤钻研和摸索，留下了光辉的成绩，成为知名的学者。与此同时，在闻一多的学术研究中也孕育出新的思想转变，闻一多走上了一条崭新的人生之路。

长途跋涉

1937年7月7日，卢沟桥事变的爆发。

8月，清华奉命南下长沙，与北京大学、南开大学合并为长沙临时大学。闻一多于10月到达湘江边的古城长沙。随后又赶往南岳，因为临大文学院设在南岳。

1938年，在南京失守、武汉吃紧的时候，长沙临时大学又决定迁往云南。湘黔滇全程长达3300余里，这样长距离的迁徙在中国教育史上堪称壮举。闻一多勇敢地参加了步行团，随着许多青年一道，沿着红军在湘、黔、滇曾经走过的道路，从洞庭湖边一直步行到昆明。

1938年2月20日，步行团乘船离开长沙，过湘江，入洞庭，后转沅江。23日从益阳开始步行，26日到达常德。3月1日从桃源出发，3月6日到达源陵，因天气恶劣，步行团在沅陵滞留。12日到达湘黔边境晃县。

3月13日，闻一多一行进入贵州。沿途山势陡峭，岩谷幽深，林木茂密，道路曲折起伏。3月24日，师生们到达了黄平县重安江镇。初春的天气使得大家心情非常舒畅。一路上，闻一多先生身着长衫，手拿竹杖，不紧不慢地走在队伍前。因心情极佳，来到当地一个名叫金凤山的山下，趁大家在休整时，和往常一样，闻一多先生开始用铅笔画记录这段不寻常的行程，其中，建于清朝同治年间的"重安江链子桥"是湘黔线最主要的通道，师生们过铁索桥时，他将这道风景收入画中。还有因山顶有石峰突兀似凤凰而得名的"金凤山"，古木参天，四季花开不败，有爽口的清泉以及各种走兽飞禽，

创建于明代的"北帝宫"遗址依然可辨。这一切不禁抵消了闻一多一路走来所见的困苦和旅途劳顿，也成为步行团宝贵的历史见证。

闻一多先生作画，习惯面对自然，仔细观察

金凤山

光和影，注重线条的表达和造型的准确，恰到好处运用黑白空间来表达光线的颤动效果。在重安江链子桥这幅画中，背景明亮，中景深，主题突出，岸边小船倒影晃动，突出了水面对天空光线的反射，远景陪衬中景、近景淡化，画面空间的处理恰到好处。

3月26日，步行团到达炉山县。在这里师生们碰上押送壮丁的行列，壮丁都是用绳子绑着，连成一串，由荷枪实弹的士兵押送，走慢一点的还要被鞭打，闻一多为此还去与押送壮士的士兵理论，没想到还被当兵的将他嗑一通，污辱一番，他回来气得要命，为这事闻一多接连几天都闷闷不语。沿途几处还看到因为逃跑，被抓回来枪毙的壮丁横尸山野，无人掩埋，惨不忍睹严酷的现实教育了他，人民的苦难深深地刺痛看他。虽然沿途的所见所闻是那么严酷，趁休息时，面对萧条的街面，他随手画下"炉山县市肆"图，用以表达心中的不快。"炉山县市肆"画面上，房屋背景占据了很大的空间，没有使用机械的平行线条，而是用多层不同走向的线条组成，使其有一种压抑的空间感，画面左下角的孤独小贩，几根简单的线条，就生动地表现出人物的形态，使整个画面在凝重中略显动感，艺术家沉重郁愤的情感，往往是与人民遭受的不幸和苦难有关。这幅画是闻一多先生在路途中的一种情绪表现。

　　3月29日，步行团从贵定进入龙里，在两县交界之地，因山形险峻俏秀，在"石桥冲"之处，闻一多先生趁师生们小憩之际，又将其收入图画本中。步行团进入龙里县后，红军长征留下的布告、标语沿途还依稀可见。沿途的村民，在给师生们烧水做饭时，经常给师生们讲红军的故事。一次在路边一个地主的墓地旁休息时，来了一个农民，闻一多先生就与那个农民交谈起来，当谈到路边的红军标语时，那个农民给师生们讲了红军在当地怎样开仓济贫，助民劳动，不拉夫，不抓壮丁，红军中官兵平等，纪律严明，秋毫不犯等等，他还见过红军的毛主席和朱总司令，他们都穿着和士兵一样的军装，说话非常和气，一点架子都没有，老农告诉步行团的师生；毛主席还到过他家，国民党宣传红军杀人放火，共产共妻都是乱扯的，当地的一些青年人根本不相信国民党的宣传，都自动给红军带路，有的干脆跟红军走了，他的儿子最近又被国民党抓了壮丁。他说："早知道如此，应叫儿子参加红军才好。"在交谈中，那位农民说因为看到师生们说话和气，买卖公平，特别是吃饭时，还将多余的饭菜送给附近的穷人吃，也就敢于和师生们接近了。进入贵州后，师生们赴滇南迁行进的路线，大部份恰是当年红军长征的征途，早在人们心中传闻的红军长征的故事，在这里得到了证实，所有这一切，都激动

贵州风光

着诗人与学者的心。

　　听完农民的谈话后，闻一多先生站起来，很风趣的指着旁边刻有"万古流芳"题额的墓碑说，这是为墓中人歌颂的，这些阿谀奉承文字沿途我们都看够了，没有人会相信，刚才我们听到的谈话，却是另一种形式的碑，就是所谓的"口碑"，对于"口碑载道"这个成语，过去体会不深，现在一路行来，感到的确存在着这种口碑，这就是红军在人民心中的口碑。"口碑载道"的成语，经过闻一多先生在具体环境中的使用，使同学们感触颇深。

　　3月30日，步行团到达贵州省会贵阳，闻一多先生还是和往常一样，一有空就带着速写本外出，寻访当地名胜古迹，除了画画之外，他还拜访当地的文化名人，并与步行团的学生一起参加贵阳市群众文化团体的抗日宣传活动。

利用休整的时间，闻一多在给父母的信中写道："12日自晃县出发，30日抵贵阳。贵州境内遍地皆山，故半月中较为劳苦，加之天时多雨，地方贫瘠，旅行益形困难，本地谚云，'天无三日晴，地无三尺平，人无三分银，'盖得其实矣，贵阳熟人甚多，清华方面目前校长周寄梅先生以下逮旧同学不下数十人，同班中有吴泽霖、聂鸿逵二兄，聂系本地人，吴任大厦大学（贵州大学前身）文法学院长，随校迁此。（云南）蒙自距昆明铁道一日路程，地近安南（今贵州晴隆县），此行本行本如投荒，今则愈投愈远矣"。

西出贵阳后，在安顺，闻一多先生了解到当地兵役如何出卖壮丁，克扣粮饷，把爱国华侨捐赠给抗战的各种款项都装入腰包，用来进行倒卖发国难财时，联想到公路上衣着褴褛，被长官恶骂，毒打的伤兵，以及陈尸山野的尸体，更是怒不可遏，气愤地对学生们说："这些人真是丧尽天良，这是对国家对人民最大的犯罪"。

4月11日，步行团从贵州永宁（今贵州关岭县）出发，沿途道路盘山，公路曲折绕道，一路上，大家热情

很高，唱着《我的家在东北松花江上》等抗日歌曲，闻
一多先生被同学们的激情所感动，有时也与他们一块唱
歌，经过几个小时的行程，午前到达盘江，从江岸俯视，
只见两岸高峰夹峙，水流湍急，势如奔马，声震山谷，
江面宽数十米，原有的铁索桥已断，行人过江，只能靠
一叶扁舟。师生们依序上舟，每次五六人，大家蹲在舟
中，双手紧扶船帮，两位彝族同胞首尾各站一人，用长
柄桨划船。他们先将船沿岸向上逆水划行。使小舟借回
水划行，然后用桨推岸，顺水势至下游百余米靠岸。渡
过盘江后，师生们又顺江取捷径而行，终于到达下一站
安南。

安南县是小县城，无法解决200名师生的食宿。这
一夜，闻一多先生同大家一样，饥寒疲劳，没吃没睡，
陪着学生在县政府大堂打盹以待天明，由于长夜难熬，
干脆去检查在他指导下的一个同学沿途所搜集的民歌民
谣和另一同学所采集的少数民族服饰的进展情况，直到
第二天，才由曾昭抡老师送几块当地的米花糖充饥。

虽然，闻一多先生在途经贵州时所绘的大多数为当
地的风景画，但他所作的风景画不单是对大自然的反映，
其中表现着他的感情、诗绪和他在接触到现实社会生活
中的世界观。这些画上几乎含有一种悲凄的气氛。当然
风景画不可能象其它的艺术作品那样，明确地阐明某种

社会思想，只有在我们了解了闻一多先生的这一段经历后，才会更多地感受到他在这里寄托着对于当时中国命运的忧虑和对人民苦难的同情。但是，即使我们不了解这些，这些画仍然以它忧幽凄壮的境界和深厚的感情，使我们不能不为之动情和深思。在这大敌当前，闻先生并不是在逃避现实，他是将大自然的秀美与残酷现实的完美结合，他是站在人类最高境界的高度来展示祖国山川的壮美，这是一种发自内心的爱国情感的体现。

经过千辛万苦，步行团终于于4月28日到达云南昆明。闻一多先生与学校前来欢迎的师生相见，大家握手拥抱，热情非常，他的心里充满了到达目的地的欢悦。

从湖南长沙经贵州入滇，这3500里的行程是闻一多先生生活道路上的一次长征。在这难忘的68个日日夜夜，他和青年学生们在一起，同甘苦共患难。沿途祖国的大好河山，人民生活的凄凉悲惨情景，震撼着诗人、学者的心扉，旅途中的所见所闻，撞击着他的心灵，打开了他的思路，一路上"虽倍极辛苦"，"但日夕与同学少年相处，遂致童心复萌"。已蛰伏多年的绘画艺术兴趣，象久旱的枯木逢春遇雨，从心田中一点点涌动起来，在长途跋涉的艰苦生活中，每到景色宜人之处，他就用铅笔在纸上勾画，"沿途作风景画百余幅"。

作为在社会上享有盛誉的诗人、学者，他十分强调

艺术与人民的关系，提倡艺术"以促进人类的友谊"，强调"艺术就是改造社会底急务"的主张。他主张艺术必须表现自己的时代，如实地表现出我们那个时代的风俗、思想和它的面貌，一个时代只能够由它自己的艺术家来再现。艺术家的任务就是表现他生活的那个时代的观念和事件，对一个画家来说，只能画自己可视的和可捉摸的对象，一切美都存在于自然之中，而且以多种多样的形式呈现出来，艺术家一旦找到了这种美，就具有了真理，美的表现是和艺术家所能获得的思想力量成正比例。并在以后给友人的信中写道："我不愿受政府（指国民党政府）的约束，我同情劳动人民，我要走向劳动人民，向他们学习，并从他们那里取得我生命的源泉。"他把了

昆明

解人民的生活看成是艺术创作的源泉。这个观点不仅深刻，而且达到了历史的一定高度，并在"沿途作风景画百余幅"中得到了体现。这一时期的社会经历影响着他，使他特别注重艺术的社会作用，认为艺术不仅给人以教育，更应该宣传进步思想，鼓舞人们去斗争。到达昆明后，目睹国民党反动派的腐朽不堪，将手中的画笔作为斗争的匕首与投枪，画了大量的漫画，宣传画来进行讽刺与斗争，他告诉青年学生："面对这个黑暗的吃人社会，就是要用画笔来控诉"。

闻一多先生对于这次长途跋涉是很满意的，在给友人的信中写道："尚忆当时与兄谈及迁滇事，曾主张徒步入滇。不谓当时所坐而言者。今竟能立而行之也。此次经验颇为丰富，他日再与故人聚首，定可再作竟夕谈矣。"后给夫人高贞的信中写道："四千里的徒步旅行算什么?一个人只要有理想、有勇气、任何艰苦的事都易如反掌。至于沿途所看到的风景之美丽奇险，各样的花木鸟兽，各种样式房屋器具和各种装束的人真不知从何说起，途中做日记的人甚多，我却一个字也设有写，十几年没画图画，这回却又打动了兴趣，画了些写生画，打算将来做一篇序，叙述全程的印象，一起印出来作纪念。"

这艰苦的68天，在抗战教育史上留下了可歌可泣的一页，在闻一多的一生中也留下了极为深刻的印象。沿途，他体会到全国人民上下一心的抗战热情，也亲眼看到了人民的疾苦和祖国的苦难，从而更加深了他对旧中国的认识，促使他进行积极的思考。多年来，他在象牙塔内、故纸堆中埋头于学问，与中国社会的下层生活有所隔膜。现在，他开始了解他们、贴近他们，并意识到不能让祖国听任"丑恶来开垦"。

闻一多手迹

心系抗战

在步行团中的亲身感受，点燃了闻一多积极投身抗战活动的热情。他为话剧《祖国》设计布景，为《原野》设计服装、道具。在三转弯岑公祠内，他撩起长袍生炉子熬胶水，亲自绘制布景，由于布景较大，有的一幅就要画上一二天。大家想不到，堂堂的文学教授，还有如此才干，还能吃这般辛苦。

此外，他还一直关心和帮助奔赴抗战前线的青年。这些事，都在一定程度上反映了闻一多积极投身参加抗战的态度。在反动派的无情压榨下，靠薪金度日的知识分子，生活也已跌落到社会的最下层。闻一多的生活也沦为赤贫。他一个月的薪水难以养活八口之家，因此常常提前支薪，再不行，就开始借债。每天吃的是豆渣和白菜，偶尔买块豆腐，就算改善生活。读书人最爱书，然而为了过日子，闻一多忍痛把好不容易从北平带出来

的几部古籍卖给学校。为了省炭钱，他每天清晨带孩子去河边洗脸，为了节约车费，他每星期提着书包在城乡来回奔走几十里路。

在这样艰苦的条件下，闻一多没有怨言。他总和前线抗战的将士相比，说人家在拼命，我们只不过生活苦些罢了。当孩子们饿得难过时，他就说，这是抗战，吃点苦应该的，等胜利了就好了。

闻一多早年在清华的许多同学，都在重庆政府里当了大官，他们给闻一多写信，劝他不要教书，到重庆做官。闻一多总是严厉地拒绝。还有人为做政客幕僚而将教学任务弃之不理，闻一多以一个知识分子的良心。毫不客气地斥责这种不负责任的行为，而他自己始终坚持在教学和研究工作的岗位。

按照闻一多的才情，这个会画、能写、名望甚高的清华教授是很容易得到丰厚的收入的。但是，他不肯这样。后来每月工资只够一家人十天的伙食费用，更难以担负孩子的学习费用，八口之家实在捱不下去了。他这才在学生的帮助下，到中学兼几堂国文课，以救济生活。也不知是谁说，你懂艺术，又会刻图章，为何不利用这门手艺呢？就这样，从1944年起，他凭着一支铁笔把一家人从饥饿中解救出来，他曾解嘲地说："我这个国文教员变成手工业者了。"

这一切，逐渐把这位学者拉到现实中。当闻一多亲身经历了这段下层苦难生活之后，观察问题的角度和方法也发生了关键的改变。这从他写的文章中可以直观的看到，中国要的"不是对付的，将就的，马马虎虎的，在饥饿与死亡的边缘上弥留着的活着，而是完整的，绝对的活着，热烈的活着——不是彼此都让点步的委屈求全，所谓'中庸之道'式的，实在是一种虚伪的活，而是一种不折不扣，不是你死我活，便是我死你活的彻底的认真的活——是一种失败在今生，成功在来世的永不认输，永不屈服的精神！"闻一多从对现实的不满和反思中，逐步走上新的道路。

闻一多要求自己要活得像个人，二十年前做学生的时候，他都可以做到宁可留级一年也不沾污人格向学校悔过，今天就更不能做违背良心的事情，更不能向腐败的统治者乞怜和示弱。对这位正直的学者，进步的同学和学校的地下党员常来看望他，安慰他，在生活和业务上紧密地团结他。于是，他和青年们更接近了，并对一切新鲜的事物滋长了一种从未有过的新的感情。

1943年8月，朱自清先生把同学们找到的一本田间的诗集递给他。好久没有读诗的闻一多，乍一看诗集说道"这也算诗吗"，可他仔细地看过之后，觉得这诗质朴、干脆、简单、坚实，就如同一声声的鼓点，响亮而

朱自清

沉重，打入他耳中，打在他心上，它是鼓的声音，战争的声音。

他将这种感受还带进了课堂，并带着剖析自己的语气讲到："六年来，我生活在历史里、古书堆里，实在非常惭愧。但今天是鼓的时代"，田间的诗让我们"听到了鼓的声音"，"田间实在是这鼓的时代的鼓手！他的诗是这时代的鼓的声音"。闻一多以其精湛独特的见解，清脆爽朗的国语，激动了听课的学生，甚至连过路的人也在窗外驻足旁听。这堂课在沉寂的校园里引起了强烈的反

响。甚至有人议论说："这听鼓的诗人将要变成擂鼓的诗人"。

在国统区，一位著名的教授敢于公开赞扬解放区诗人，还真是破天荒头一次。闻一多开始觉醒，并开始呐喊，他用健康的声音和那些在校内宣传艺术至上的哲理诗人们展开了战斗，就如同他所说的："近年来我在联大的圈子里声音喊得很大，慢慢我要向圈子外喊去，因为经过十余年故纸堆中的生活，我有了把握，看清了我们这民族，这文化的病症，我敢于开放了。"可见，诗人、学者开始转变了。

认准了方向的闻一多，显示出他特有的热情。就像他对待新诗，对待古文一样，他不仅赞扬解放区的诗人，而且提倡学生写新诗做新人，他一口气写下数篇针对现实的杂文，向社会发出吼声，"向圈子外喊去"。

不仅如此，闻一多还以自己的转变为例证，希望躲在象牙塔中的学人走出来，打破可怕的冷静，与青年的步调同一，早点促成胜利的来临！这种在解剖别人的时候没有忘记现身说法首先解剖自己的做法，体现了闻一多敢丁否定过去的博大胸怀。

已经觉醒了的闻一多，已不再满足于一个人的呐喊，思想上的饥渴促使他积极地向进步力量靠拢。共产党也非常珍视他的每一分进步，在他迫切需要依靠的时候，

给他以支持和鼓舞。

华岗，化名林石父，任《新华日报》总编辑，中共中央南方局宣传部长。他受周恩来委托，做知识分子统战工作。周恩来曾给他写过一封信，信的大意是，像闻一多这样的知识分子，对国民党反动派的腐败是反抗的，他们也在探索，在找出路，而且他们在学术界、在青年学生中，还是有广泛的社会联系和影响的，所以应该争取他们，团结他们。

大约在1944年的夏秋之交，华岗在尚钺陪同下拜会闻一多。交谈之中，两人大有相见恨晚的感觉。华岗邀请闻一多参加正在筹备的西南文化研究会，闻一多很高兴地接受了这个邀请。

不久，西南文化研究会诞生了。通过在研究会的座谈、学习，闻一多对共产党的认识有了进一步的转变。对于《论联合政府》、《新民主主义论》、《论解放区战场》等文献，他如饥似渴地抢着阅读，对政治的认识日渐提高，他从英文版的《西行漫记》中第一次系统地了解了中国共产党的发展过程。第一次了解了毛泽东、朱德、周恩来等革命领导人。对于他们的经历、他们的理论以及他们顽强斗争的精神，闻一多从心底里佩服。他还兴奋地把毛泽东的照片给妻子、儿女看，并表示回北平后，第一件事就是让孩子到解放区去读书。闻一多的夫人高

孝贞牢记他的这句话，1948年3月率全家前往解放区。

闻一多在呐喊中逐步认识到，个人的力量微不足道，唯有加入一个组织才有力量。经过慎重考虑，1944年秋，闻一多秘密加入中国民主同盟，并宣誓"为民主前途奋斗"。

加入民盟后，闻一多按捺不住兴奋的心情，忍不住把这事告诉他的朋友和学生。他曾对前来看望的程应镠

闻一多

昆明市司家营61号，闻一多、朱自清旧居。

悄声说："我从'人间'走入'地狱'了。接着，他又感慨地说："以前，我在龙头村，每回走进城，上完了课，又走着回来，我的太太总是带了小孩到半路上来接我。回到家，窗子上照着的已是夕阳了，孩子围在身边，我愉快地洗完脚，便开始那简单而可口的晚餐。那一天也总过得很快乐。""现在，那种生活也要结束了。"

闻一多的好友罗隆基曾这样说过："一多是善变的，变的快，也变的猛，""不知道还会变成什么样子"。闻一多告诉他"变定了，我已经上了路，摸索了几十年才成形，定了心，再也不会变了！"

是的，经过迅猛改变的闻一多，向旧的生活告别，汇入民主运动的洪流，并为民主不倦地斗争。

时代的鼓手

闻一多的转变，是经历了四十多年漫长曲折的道路才找到的归宿。他曾向往过祖国的富强，追求过自由，也幻想过"奇迹"；他曾悲愤、忧郁、迷惘；他还试图以文学、学术研究来复兴祖国，然而这一切想要复兴祖国的努力都落空了。现在，他从党所领导的斗争中找到了他追求过的真正的"美的所在"，找到了获得新生的大道，他带着从心底迸发出的热情和正义感，把自己像火山爆发一样地献给真理，献给民主运动。

要斗争，就得有基础，凭过去的知识是不够的。他开始学习新知识、新理论。尽管贫困饥饿的阴影始终跟随着他，尽管每天的工作、活动排得满满的，他仍然会挤出时间进行学习。许多时候，他还要在夜里读那些在白天不能公开读的书刊，昏暗的电灯光射在发黄的土纸上，使得那因长期营养不良而昏花的眼睛看起来更为吃

力。但是，这些书刊中珍藏着最良好的滋补思想的营养、帮助他懂得政治懂得斗争，也帮助他更坚定、更有信心。

他像一个刚启蒙的小学生，如醉如痴地汲取营养。他常说："可惜的是，见到这些东西太晚了点，这一辈子已经过了一大半了！"随着思想的转变和认识的提高，他成为昆明民主运动中杰出的战士。

1944年，西南联大组织了大规模的"五四"纪念活动。在纪念座谈会上，闻一多讲述了"五四"运动的经历，接着，张奚若、吴晗等也作了发言，雷海宗的发言

西南联合大学纪念碑，冯友兰撰文，闻一多篆刻。

西南联大原教舍

则提出学生的天职是读书，学生过问国家的事常会由于幼稚而重于感情。这言论与会场的气氛不相适应，闻一多坐不住了，他再次起来，提出要"里应外合"打倒孔家店。以学者身份参加座谈会的闻一多，变为猛士，为学生的正义斗争呐喊。

接连几日，联大又召开了两次"五四"纪念晚会，闻一多都作了精彩的演讲，人们看到了学者的力量，闻一多更是看到人民的力量。这次活动，震动了整个昆明，也建立起民主运动的基础。

7月，联大又与其它几所大学联合召开了"'七七'

时事座谈会"，这是继"五四"纪念后的又一次大学师生的盛大集会，此时，联大集会已走出联大校园，扩大到昆明各校了。闻一多参加了这个座谈会，在长时间的讨论中，他认真地倾听别人的发言，大会主席请他发言，他都以自己不懂政治婉言谢绝了。

但是，当他听到云大校长熊庆来的一番话后，再也忍不住了，据报界记载，闻一多一站起来就是万马奔腾，情绪澎湃已极。闻一多以比"五四"晚会更响亮的声音即席发言。"谈到学术研究，这哪里值得炫耀？哪里值得吓唬别人？谁不是曾经埋头做过十年二十年的研究的？谁不希望能够继续安心地做自己的研究？但是，可能吗？我这一二十年的生命，都埋葬在古书古字中，究竟有什么用？究竟是为了什么人？现在，不用说什么研究条件了，连起码的人的生活都没有保障。请问，怎么能够再做那自命清高、脱离实际的研究？"

全场静静的，人们屏住呼吸，倾听闻一多这激昂战斗的诗："国家糟到这步田地，我们再不出来说话，还要等到什么时候？自己怕说，别人说了，呵，又怕影响了自己的地位和自己的前程。真是可耻的自私！""云南大学当局是这样的！我们西南联大当局还不是这样的！胆小、怕事、还要逢迎。这就是这些知识分子的态度！"

这一刻，闻一多正式同自己的同辈分手了，向那些

自私的知识分子宣战。他用心底的热情感染着学生，他
与人民更加贴近了。人们也在大火的照耀下，看到了闻
一多的崛起，称赞他的勇猛与无畏。

这年 10 月 10 日，昆明又举行了双十节纪念大会。闻
一多第一次走出校门来到人民面前进行演讲。面对 5000
余人，他发出洪亮的声音："用人民的血汗养的军队，为
什么不拿出来为人民抵抗敌人？以人民的子弟组成的队
伍，为什么不放他们来保卫人民的家乡？"闻一多将自己
的满腔怒火，传递给听众，声讨国民党消极抗日、积极
反共的行径。演讲中，闻一多强调民主和自由的精神，
"要记住昆明在国际间'民主堡垒'的美誉，我们从今更
要努力发扬民主自由的精神，……我们今天争民主，
……争取更普遍的、完整的和永久的民主政治。"

就在大会进行之中，特务们还不放过机会进行捣乱。
闻一多面容严肃，长髯飘拂，像尊威武不屈的雕像。

1944 年末，云南人民迎来了护国起义纪念日。二十
九年前，云南人民揭起义帜，吹响了埋葬袁世凯帝制的
号角。二十九年后，云南各界人士举行纪念大会，要求
真正的民主。这一次，闻一多是面对云南各个阶层的人
士进行演讲。他开门见山地说："我们是应该惭愧的，应
该对护国的先烈们惭愧了，应该对在座的护国英雄们惭
愧！三十年了，居然国家还像三十年前一样，难道袁世

凯没有死吗?""三十年后,我们所要的依然是民主,要打倒独裁!"

闻一多一语破的,喊出了最要害的声音。会后,激动的人们举行了盛大的游行,闻一多走在队伍之中,亲自参加到这时代的洪流之中。

闻一多不仅在各种会议上伸张正义,鼓励民众;而且经常是重要宣言文件的起草者,为了认真地推敲行文,经常彻夜难眠,同志们安慰他的过度辛劳,他则总是笑着说:"谁叫我是国文教员呢!"

走上新的生活后,闻一多常常说民主要首先从自己做起。1945年初,西南联大在西仓坡盖了教员宿舍,闻一多抽中了签,分配到了一所住房。当时住昆华中学宿舍或搬到西仓坡是各有利弊,于是全家开民主会,以表决方式做决定。这次搬家,可说是家庭民主的体现。在教育孩子方面,闻一多也注重从己做起。

一次,立鹤的一篇作义没有写好,闻一多狠狠地训了立鹤。为这,立鹤三天不出屋,不肯吃饭,一家人都不快活。闻一多也意识到这是粗暴的家长作风,于是他向孩子认错,检查了自己在教育方法上的简单、粗暴作风。闻一多作为一家之主,做到了有错就改,不摆架子。

昆明的民主斗争呼声愈来愈响亮,进步的刊物也如雨后春笋似地纷纷出现,闻一多同每个刊物都保持着紧密的联系，并指导编辑工作。在火热的斗争中，闻一多表现了多方面的才能，无保留地献出自己的力量。他写火热的文章，对丑恶的现实展开无情的抨击；他学习理论，积累心得，使每次讲演总是那么生动朴实，又切中时弊要害；当要刻印文件但经济不足的时候，他又自告奋勇刻写钢板，工整的小楷从头至尾一丝不苟。在为争取实现民主政治不懈努力的过程之中，闻一多不断擂起

朴实的闻一多　1945年2月摄于云南

时代的战鼓。他高度赞扬文艺的民主方向，提出要"让文艺回到群众中去"，的口号，反映出对进行革命必须与工农大众相结合的深刻认识。在如何看待历史的问题上，他用辩证唯物主义和历史唯物主义的观点道出一个深刻的道理："历史是会重演的，但又不完全重演，恰是螺旋式的进展。以历史的眼光看待时代，是闻一多能够不断认清方向的思想武器。"

1945年，"五四"纪念日来临的时候，闻一多不顾瘦弱的身体，和青年们一同参加示威游行。他登台高呼："这是行动的时候了，让民主回到民间去！"这次游行的目的是要求民主，要求和平。当队伍经过4个小时的游行后又回到云大操场时，闻一多再次出现在高台上，他高喊："我们今天第一要民主，第二要民主，第三还是要民主！没有民主不能救中国！没有民主不能救人民！"

这是时代的呼声，闻一多就是"时代的鼓手"。

民 主 之 魂

1945年8月10日深夜，广播中传出日本天皇的乞降照会。昆明全城顿时响起了爆竹之声，人们涌上街头，奔走相告，战争即将结束，曙光就要到来。

此时的闻一多，正在乡间的研究所里处理工作。第二天中午，闻立鹤兴冲冲跑来报信，闻一多听后，高兴地跳了起来。研究所的同仁也抑制不住兴奋，他们尽情狂饮，让多年的苦难尽于一醉。

闻一多二话没说，直奔理发馆，将留了8年的长须剃去，实现了他的抗战不胜利不剃须的誓言。他赶回昆明后，满院的孩子们都向他伸出大拇指叫了起来："顶好！顶好!"他摸着光秃了的唇腮，也不禁哈哈大笑了。

抗战虽然胜利了，但国共的根本矛盾没有解决，内战随时都会爆发。李公朴见到闻一多时就说道："你的胡子是不是剃得早了些!"闻一多答道："那就把它再留起

来!"这些话反映了李公朴、闻一多对时局变化的忧心。

闻一多的胡子再没有重新蓄起来,他本人又一次迎接了新的斗争。内战的危机,使一些有良心的中国人对蒋介石和美帝国主义充满了愤怒之情。在党的号召下,各界人士都发起了广泛的反对发动内战、反对美国干涉中国内政的签名运动。

在联大"社会科学研究会"组织的一次座谈会上,闻一多被邀在会议的最后讲话,他手里握着扩音器,发出了使好战分子战抖的声音:"谁能获得人民的支持,谁就能赢得战争的胜利,谁不要人民,人民就不要谁!"当时,有些特务攻击闻一多,谩骂他是"疯子"。闻一多听后不屑一顾,并且坚定地说:"他们是顽石,我是兰草,

正在治印的闻一多

永远压不死，总有一天兰草长起来，将石块顶碎。"

内战的乌云弥漫着中国的天空，特务的活动也更加猖狂。面对这一切，闻一多没有退缩，而是勇敢地接受挑战，在昆明所组织的一系列民主活动中，他一刻也没有休息，战士的性格、战士的风采给人们留下了深刻的印象。

9月4日，昆明教育界在联大举办"从胜利到和平晚会"，结果混入会场的特务乘机怪叫、起哄、捣乱。担任主席的闻一多顿时发怒，他站在台上大声喊："谁不主张这个会的站出来，谁不主张和平民主的站出来！""偷偷摸摸地不算得中国人，不配做中国人。是对的站出来！"

这正义之声赢得了雷鸣般的掌声，也使那些特务不敢再扰乱会议。

此时的闻一多，不仅冲上台前宣传和平，反对内战，而且以自己的学识、斗争经验帮助学生进行斗争，他为反内战讲演会出谋划策，为抗议摧残自由支援学生罢课。而当反动派的魔爪伸向民主人士的时候，他又积极地组织营救。

1946年，民主同盟召开了全国代表大会，闻一多被选为民盟的中央执行委员及民盟云南支部的领导人之一，同时兼任昆明"民主周刊"社的社长。闻一多越发显得忙碌了，那时昆明市内交通不方便，私人住宅很少有电话，约人开会，找人签名，送个通知，他都不辞辛苦亲自跑腿。而且还要给民主报刊写稿，为报刊的编辑、发行而奔忙。新的工作任务几乎占据了他的大部分以至全部时间。

闻一多为民主运动奔忙的同时，还得为生活忙，他一家人的生活仍然依靠他的"手工业"来补贴，在经济实在窘迫的时候，便不顾疲乏、不顾健康地用他的铁笔赶工。同志们体谅他，青年们同情他，要求他爱惜自己。对此，闻一多总是无言地领受这友情的温暖，还依然坚持着工作。他常说："内战在进行，人民在遭殃，假如在这种时候我们还苟安地活着，不肯说话，怎么对得起人民……"。他是这样说的，也是这样做的。

12月1日，震惊中外的"一二·一"惨案在昆明发生。数百名反动军人和武装特务有计划、有组织地袭击了联大、云大、中法大学等校。他们肆无忌惮，殴打学生。结果，4名青年倒在血泊中，50多人受伤。

闻立鹤这天也有一条腿被打伤，高孝贞劝他在家休息，他坚定的回答："我是闻一多的儿子，闻一多的儿子是不能休息的！"

面对惨绝人寰的屠杀，闻一多愤怒到了极点，他说，这次昆明"一二·一"惨案的暴行，简直是血色恐怖。当年，"三一八"惨案只是发生在执政府门前，而现在则

闻一多自刻印章

是几百军人闯入学校，在最高学府内肆意屠杀手无寸铁的青年。

在这次运动中，闻一多与青年一同呐喊，一样勇敢地和刽子手进行坚决的斗争。为了更有力地支持学生的爱国运动，闻一多还倡导罢教。这在当时称得上是非凡之举，在国民政府统治的历史上，还从未出现过。

经过一系列的说服工作，联大全体教授罢教一星期，有力地配合了学生运动，并在"一二·一"的历史画卷上写下了有声有色的光辉一页。

在此期间，闻一多还撰写了"'一二·一'运动始末记"。在"始末记"里他写下了这样的一段话：

"让未死的战士们踏着四烈士的血迹，再继续前进，并且不惜汇成更巨大的血流，直至在它面前，每一个糊涂的人都清醒起来，每一个怯懦的人都勇敢起来，每一个疲倦的人都振作起来，而每一个反动者都战栗的倒下去!"

烈士的血使闻一多对国民党反动派的愤恨更加深了，同时也使他进一步认识到实现民主的道路是曲折的，仍需进行更大的努力。

为解决"一二·一"惨案的有关问题，闻一多坚定地站在学生一边，在起草《告诉状》和《告同学书》以及举行记者招待会揭露惨案真相的等具体事宜上尽到了最大的努力。

1946年1月10日，旧政治协商会议在重庆召开。会议期间，闻一多为促进政协通过民主决议作了不懈的努力。政协会议闭幕后，闻一多为捍卫政协会议成果而斗争，当校场口惨案发生后，闻一多一方面致函慰问郭沫若、李公朴，一方面又与反动派作针锋相对的斗争，表现出不在淫威之下屈服的革命精神。

3月17日，"一二·一"惨案的四烈士出殡。这一天，昆明万人空巷，人们涌上街头为死难烈士送殡。闻一多在长达6个小时的出殡过程中，一刻也没有离开过队伍。在墓地的墓壁上，就刻着他写的《一二·一运动始末记》。文中有对运动经过的记录，也有对四烈士的赞扬，有对反动统治者的揭露，也有对来人的召唤。他是这样写的：

> "一二·一"是中华民国建国以来最黑暗的一天，但也就在这一天，死难四烈士的血给中华民族打开了一条生路。
>
> 愿四烈士的血是给新中国的历史写下了最初的一页，愿它已经给民主的中国奠定了永久的基石！

闻一多与送葬的代表一起安葬了四烈士。在墓前，他沉痛致哀，同时也坚定了他永远为民主而战的决心。

1946年5月4日，是"五四"运动27周年纪念日，也是西南联合大学的历史使命光荣结束的一天。闻一多没能参加结业式，而是在同一时间出席了昆明学联举办的"青年运动研讨会"。这是联大离开昆明前的最后一次大聚会，会议的主题是：从"五四"到"一二·一"、总结过去、展望将来。对上述三个问题，闻一多都有发言，每一次发言，都带给人们更多的深思。

闻一多用回顾历史的方法从"五四"运动说到"一二·九"运动，又从"一二·九"运动说到"一二·一"

运动，他得出一个结论："青年运动之转化为有组织的政治斗争，是青年运动必然的发展。"

闻一多以自己的体验寄语青年，希望他们认清历史规律，接受历史教训，大胆投向政治，去完成时代所赋予的使命。

一位联大同学向闻一多辞行，闻一多所写的离别赠言是："君子不可以不宏毅，任重而道远"。这个"毅"是坚强、果决的意思，闻一多期望青年能为民主事业英勇战斗。在赠言的末尾，他盖下了印有"叛徒"两字的自刻章，闻一多选取"叛徒"的名字，代表了他要成为

1946年闻一多全家在昆明西仓坡合影留念

一个旧世界的叛徒的决心。

闻一多对青年的厚望发自内心，语重心常。他还对留在昆明的青年也提出了希望，他深情地说："不要忘记西南人民，勤劳地垦殖这块广沃的土地，把它变成更坚强的民主力量"。以便使将来的民主运动"也从昆明发轫，而那时充当这运动的先锋应该是"今天昆明的文艺青年"。

随着西南联大的结束，一支重要的民主力量也将回到华北去。反动派以为昆明的学生运动和民主运动会消沉下去的估计是错误的。他们采取措施，用诬蔑、谩骂的下流手法鼓动人心。一时间，很多人突然失踪，进步出版社被查封，许多私人住宅被搜查，恐怖又笼罩昆明。为民主斗争的闻一多也成了他们的"眼中钉"。

闻一多的朋友们、学生们都为他愤愤不平，同时也为他的安全重新担起心来。闻一多却安慰大家说："没有爱，也就不会有恨。被人民所爱的必然会被反人民的人所恨。这是很自然的事情。至于那些恐吓就让他们恐吓吧，我们要是真的相信那些唬人的话，把已经负起的责任丢了，就恰好是上了它们的当。"

闻一多在这恐怖的气氛中，无所畏惧，继续从事民主工作。为表明民主运动的目的和意义，促进各方面的联系，6月27日至29日，民主同盟云南支部连续举行了

三个招待会。

第一次招待会在商务酒店举行，闻一多做了发言，他说道："愿意伸出我们的手来与各位合作。我们的手，虽无缚鸡之力，不可能也不愿意来威胁利诱别人，但也决不接受别人的威胁利诱。我们并愿意以这支满是粉笔灰、毫无血腥气的手去扭转中国的历史，去促进中国民主政治的实现。"他还一再强调民盟的要求，即8个大字"和平建国民主团结"。闻一多的话，给与会人留下了深刻的印象。

第二、三次招待会都如期召开。闻一多声音沉静，娓娓而谈，既讲到自己的转变过程，又叙说了对于民主运动的想法。他号召大家："我们再不是袖手旁观或装聋作哑的消极的中立者了，今天我们要站出来，要明是非，辨真伪，要以民主为准绳。……我们认为民主、和平是中国唯一的出路，也是全国人民的要求。……民主运动是属于大家的，不是仅仅属于一部分人的，只有把全国爱和平民主的力量团结起来，中国的进步才有希望。"

闻一多的讲话，没有讲稿，没有提纲，但每一句话都打进听众的心坎。一位商界贤达很有感慨地说："看到一些壁报时，还以为民盟领袖是些青面獠牙的怪物，今天见面才知道都是文质彬彬的手无寸铁的书生。……我是商人，我愿意第一个伸出我这污秽的手同他们握，……我希望我们士农工商各界都伸出自己的手来深深地同他们握着。"

通过三天的招待会活动，认同民主运动的人越来越多。民主同盟的主张，赢得了各界的理解和支持。

与此同时，闻一多还主持了另一项很重要的工作，即发动呼吁和平的万人签名运动。经过宣传、组织，从25日拟稿排印到27日下午，签名的已达5000余人。

闻一多以饱满的政治热情，积极从事着反内战争民主的斗争。不仅如此，他还渴望把民主运动带回北平，以实现和平建国民主团结。

闻一多写了眉批的《山海经笺疏》

最后一次演讲

　　学校把闻一多动身回北平的日期排得很后。因为他的妻子患有甲状腺炎，引起严重的心脏病，为免去路上的颠簸，闻一多决定乘飞机返回北平。

　　6月20日，他让立雕、立鹏两个孩子先飞重庆，在那里等全家到齐同返北平。两个孩子要走了，出门前闻一多还叮嘱路上小心，注意身体，但谁也没有想到，这竟是他们的永别。

　　一直等到7月11日，飞机行程都没有轮到他。这一天，西南联大的最后一批学生离开了昆明。

　　进入7月以后，昆明的形势更加恶劣，反动报刊咒骂民主人士的标语贴满大街小巷，并公开叫嚣要暗杀那些"鼓动青年"的人。甚至扬言，要用40万元买闻一多的头。在闻家的门口，也时常有人盯梢。

　　7月11日晚上，民主战士、民盟中央执行委员李公朴，遭到特务暗杀。深夜1点钟，两个青年匆匆地敲响西仓坡宿舍大门，报告了李公朴遇刺的消息。正在生病的闻一多不顾高烧，拿了手杖就要出去。高孝贞和报信人拉住他，要他等天亮了再去，以免发生意外。好容易算是拉住了他，但闻一多睡不着，恐怖笼罩着这座城市。

12日清晨5时左右，闻一多赶到云大医院。但是已经晚了，李公朴4点闭上了双眼。闻一多站在李公朴的尸体旁，不相信战友会死，他一个字一个字地说："公朴没有死！公朴没有死！"

闻一多转身赶回"民主周刊"社，召开紧急会议，决定对外发电公布事件、拟定抗议书、筹组治丧委员会。

这时，街上传来消息，暗杀黑名单上的第二号就是闻一多。朋友们纷纷劝闻一多少外出。闻一多理解大家的心情，他说："李先生为民主可以殉身，我们不出来何以慰死者。"

几天来，恐怖已经时常降临在西仓坡联大宿舍。门前总有人鬼鬼祟祟，整个宿舍风声鹤唳。高孝贞忍不住恳求闻一多："不要再往外面跑了，万一出了什么事，这么一大家人，可怎么办好啊！"闻一多面对病妻、爱子和亲友，手里拿着几天来接连收到的匿名恐吓信，他知道已经到了危险的时候。但是，此刻在个人安危之外，还有许多工作等着他去做。他说："事已至此，我今天不出

去，什么事情都不能进行。怎样对得起死者？如果因为反动派的一枪就都畏缩不前，以后叫谁还愿意参加民主运动？叫谁还信赖为民主工作的人？"

7月15日早晨，闻一多昂首跨出家门。

西仓坡是条狭窄僻静的小巷，特务要下手是最合适的地方。为了防止意外，杨希孟护送闻一多到云大至公堂参加上午的会议。

会上，李公朴夫人声泪俱下地报告李公朴被刺的经过，话语常被悲恸中断。混进会场的特务乘机起哄，怪叫。反动派的猖狂激怒了闻一多，他再也按捺不住，走上前去扶李夫人坐下，随后就拍案而起，即席做了著名的最后一次演讲：

这几天，大家晓得，在昆明出现了历史上最卑劣最无耻的事情！李先生究竟犯了什么罪，竟遭此毒手？他只不过用笔写写文章，用嘴说说话，而他所写的，所说的，都无非是一个没有失掉良心的中国人的话！大家都有一枝笔，有一张嘴，有什么理由拿出来讲啊！有事实拿出来说啊！为什么要打要杀，而且又不敢光明正大的来打来杀，而偷偷摸摸的来暗杀！这成什么话？

今天，这里有没有特务？你站出来！是好汉的站出来！你出来讲！凭什么要杀死李先生？杀死了人，又不敢承认，还要诬蔑人，说什么"桃色事件"，说什么共产党杀共产党，无耻啊！无耻啊！这是某集团的无耻，恰是李先生的光荣！李先生在昆明被暗杀是李先生留给昆明的光荣！也是昆明人的光荣！

去年"一二·一"昆明青年学生为了反对内战，遭受屠杀，那算是青年的一代献出了他们最宝贵的生命！现在李先生为了争取民主和平而遭受了反动派的暗杀，我们骄傲一点说，这算是像我这样大年纪的一代，我们的老战友，献出了最宝贵的生命！这两桩事发生在昆明，这算是昆明无限的光荣！

反动派暗杀李先生的消息传出以后，大家听了都悲愤痛恨。我心里想，这些无耻的东西，不知他们是怎么想法，他们的心理是什么状态，他们的心是怎样长的！其实很简单，他们这样疯狂的来制造恐怖，正是他们自己在慌啊！在害怕啊！所以他们制造恐怖，其实是他们自己在恐怖啊！特务们，你们想想，你们还有几天？你们完了，快完了！你们以为打伤几个，杀死

几个，就可以了事，就可以把人民吓倒了吗？其实广大的人民是打不尽的，杀不完的！要是这样可以的话，世界上早没有人了。

你们杀死一个李公朴，会有千百万个李公朴站起来！你们将失去千百万的人民！你们看着我们人少，没有力量？告诉你们，我们的力量大得很，强得很！看今天来的这些人，都是我们的人，都是我们的力量！此外还有广大的市民！我们有这个信心：人民的力量是要胜利的，真理是永远存在的。历史上没有一个反人民的势力不被人民毁灭的！希特勒，墨索里尼，不都在人民面前倒下去了吗？翻开历史看看，

闻一多演说

你们还站得住几天！你们完了，快完了！我们的光明就要出现了。我们看，光明就在我们眼前，而现在正是黎明之前那个最黑暗的时候。我们有力量打破这个黑暗，争到光明！我们的光明，就是反动派的末日！

李先生的血不会白流的！李先生赔上了这条性命，我们要换来一个代价。"一二·一"四烈士倒下了，年青的战士们的血换来了政治协商会议的召开；现在李先生倒下了，他的血要换取政协会议的重开！我们有这个信心！

"一二·一"是昆明的光荣，是云南人民的光荣。云南有光荣的历史，远的如护国，这不用说了，近的如"一二·一"，都是属于云南人民的。我们要发扬云南光荣的历史！

反动派挑拨离间，卑鄙无耻，你们看见联大走了，学生放暑假了，便以为我们没有力量了吗？特务们！你们错了！你们看见今天到会的一千多青年，又握起手来了，我们昆明的青年决不会让你们这样蛮横下去的！

反动派，你看见一个倒下去，可也看得见千百个继起的！

正义是杀不完的，因为真理永远存在！历

史赋予昆明的任务是争取民主和平，我们昆明的青年必须完成这任务！

我们不怕死，我们有牺牲的精神！我们随时像李先生一样，前脚跨出大门，后脚就不准备再跨进大门！

这是闻一多的最后一次即席演说。他的演说，深沉、有力，使无数人斗志昂扬，面对反动派的猖狂反扑，他横眉怒对，表现了不畏强暴的英雄气概。他是青年人热爱的导师、他是勇敢的民主斗士。

7月15日中午，闻一多演讲完毕离开至公堂，回到家中。妻子高孝贞悬着的心总算放了下来。

闻一多轻声对立鹤耳语，"我去云大演讲了！"立鹤一怔，马上问："怎么不告诉我？"时局不安，他一直跟着父亲起些保护和照应的作用。立鹤又问"会上情形怎样？""很好，特务被我痛骂一顿。"闻一多得意洋洋。

"下午要招待记者，我稍睡一下，到一点半叫我。"

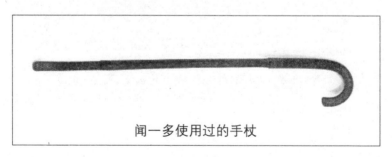

闻一多使用过的手杖

闻一多太累了，说完便躺上床。

不到一点半，闻一多醒了，做好了外出的准备。他的妻子睁眼望着他："怎么，又要去开会!"闻一多咳着，亲切地拍着妻子、轻松地说："一会儿就回来，就只有这最后一个会了。"

闻一多与楚图南一起出门，立鹤不放心，一直护送到"民主周刊"社门口。分手时，闻一多让他四五点来接一下。

时间一分一分地过去，立鹤待不住，就向府甬道走去。招待会没散，他便在外面踱来踱去。街上的特务很多，立鹤似乎有种不祥的预感。

五点左右，招待会散了，为了不让特务将他们一网打尽，他们分头离开"民主周刊"社。闻一多出来了，他同立鹤慢慢向西仓坡走去。

从周刊社到西仓坡宿舍不过 200 米左右，拐个弯向西不远就可到家。闻一多松了口气，再有二三分钟便可回到家中。

父子二人不慌不忙地走着，西仓坡行人不多，此刻则如死一样寂静，看看宿舍院子的大门，已经很近了，只有十多步了。枪声从阴暗中响起，埋伏已久的几个特务一起扣动了扳机，子弹如雨点一样朝着闻一多射来。

闻一多头部中三枪，胸部也被击中，当即倒下。立

10月4日，各界人士追悼李闻大会。

鹤一听枪响，便知道担心的事终于发生了。他毫不犹豫地扑在父亲的身上，想用自己的身体挡住射向父亲的子弹。特务们丧心病狂，连射数弹，立鹤拼尽全力大喊："凶手杀人了，救命！"此刻他也身中五枪。

特务还怕闻一多没死，又补上五六枪，然后在西仓坡口乘吉普车从容而去。

枪声响起时，高孝贞顿然惊起，她拼命向大门口冲去。大门外，父子俩横一个竖一个倒在血泊之中。她抢上去抱住闻一多，血染红了她的衣服。立鹤也是身受重伤。

很快，闻一多父子被送到医院，立鹤的伤势很重，医生进行了抢救，把他从死亡线上救了出来。

闻一多是致命伤，这位诗人、学者，为了民主运动，为了他所热爱的祖国，斗争到了生命的最后一刻。

噩耗传出，全国震惊，人们斥责反动派，抗议怒涛席卷大地，声援民主战士的唁电，纷至沓来。

中国共产党人对闻一多惨案极为愤怒，毛泽东、朱德于17日给高孝贞发来唁电：

> 惊悉一多先生遇害，至深哀悼。先生为民主而奋斗，不屈不挠，可敬可佩。今遭奸人毒手，全国志士，必将继先生遗志，再接再厉，务使民主事业克底于成。

同天，在南京参加和谈的中共代表团周恩来、董必武、邓颖超等也联名电唁闻一多。电文云：

> 惊闻闻一多先生紧随李公朴先生之后，惨遭特务暴徒暗杀，令郎立鹤君亦受重伤，暗无天日，中外震惊，令人捶心泣血，悲愤莫名，真不知人间何世！此种空前残酷、惨痛、丑恶、卑鄙之暗杀行为，实打破了中外政治黑暗历史

之记录，中国法西斯统治的狰狞面目，至此已暴露无余。一切政治欺骗，已为昆明有计划的大规模的政治暗杀枪声所洞穿，中华民国已被法西斯暴徒写下了一个永远不能洗刷之污点。中国法西斯暴徒如此横行无忌，猖獗疯狂，实法西斯统治的最后挣扎，自掘坟墓。中国人民将踏着李公朴、闻一多诸烈士的血迹前进，为

闻亭

124

李、闻诸烈士复仇，消灭中国法西斯统治，实现中国之独立、和平与民主，以慰李、闻诸烈士在天之灵。

21日，西南联大校友会召开一多先生追悼会，朱自清出席并讲话。他开始便激动地说："闻一多先生表现了我们民族的英雄气概，激起全国人民的同情。这是民主主义运动的大损失，又是中国学术的大损失。"

随后，他详细地叙述了闻一多在学术上的贡献。首先告诉人们，闻一多是中国抗战前"唯一的爱国新诗人"，"也是创造诗的新格律的人"，"他创造自己的诗的语言，并且创造自己的散文的语言"。又详尽地介绍闻一多对神话、《楚辞》、《周易》、《诗经》等各方面研究的成就。他突出强调闻一多在学术上的伟大功绩，目的就在告诉人们国民党反动派和美帝国主义残害了一个多么有价值的学者，摧残了中国学术界不可多得的人才！激起了人们对敌人更大的愤恨。

他还决心要把闻一多的全部遗著整理出版，这是对敌斗争的一种方法，也是对好友的纪念。他在给学生的信中说："一多先生之死，令人悲愤。其遗稿拟由研究所同人合力编成，设法付印。"之后，朱自清整理的稿件编成《闻一多全集》四卷。

朱自清还曾写诗歌颂闻一多：

　　你是一团火，照彻了深渊；指示着青年，失望中抓住自我。你是一团火，照明了古代；歌舞和竞赛，有力猛如虎。你是一团火，照亮了魔鬼；烧毁了自己！遗烬里爆出个新中国！

　　闻一多的同事与战友更是悲愤莫名。他们以各种形式寄托对这位友人、师长的哀思，并赞颂他是"民主之魂"。

　　在闻一多不足48年的生命中，他经历了祖国的苦难与忧患，走过了曲折的道路。他在诗的海洋以及学术领域孜孜探索，他为中华民族的民主事业搏击奋斗，他的一生就是动人心弦的壮丽诗篇。闻一多，是诗人，是学者，是民主斗士，更是一团火。

闻一多先生衣冠塚